MÚSICA
E MEIO AMBIENTE
ecologia sonora

Marisa Trench de Oliveira Fonterrada

Yara Caznok
coordenação

Nº Cat.: 40-L

Irmãos Vitale Editores Ltda.
vitale.com.br
Rua Raposo Tavares, 85 São Paulo SP
CEP: 04704-110 editora@vitale.com.br Tel.: 11 5081-9499

© Copyright 2004 by Irmãos Vitale Editores Ltda. - São Paulo - Rio de Janeiro - Brasil.
Todos os direitos autorais reservados para todos os países. *All rights reserved.*

CIP-BRASIL. CATALOGAÇÃO NA FONTE
SINDICATO NACIONAL DOS EDITORES DE LIVROS, RJ.

F763m

Fonterrada, Marisa Trench de Oliveira, 1939-
Música e meio ambiente : a ecologia sonora
/ Marisa Trench de O. Fonterrada. - São Paulo : Irmãos Vitale, 2004
- (Conexões musicais)

ISBN 85-7407-177-3
ISBN 978-85-7407-177-0

1. Música - Acústica e som.
2. Música - Filosofia e estética.
3. Som.

I - Título.
II - Título: A ecologia sonora.
III - Série.

04-2036   CDD 781.1
                                                     CDU 781.1

04.08.04   09.08.04   007232

Créditos

COORDENAÇÃO DE PROJETO
Yara Caznok

CAPA
Renato Ranzani Franco

REVISÃO DE TEXTO
Maria Apparecida Faria Marcondes Bussolotti

PESQUISA ICONOGRÁFICA
Leonardo Martinelli

DIAGRAMAÇÃO
Wiliam Kobata

COORDENAÇÃO EDITORIAL
Cláudio Hodnik

PRODUÇÃO EXECUTIVA
Fernando Vitale

APRESENTAÇÃO

Falar em ecologia implica em refletir sobre as escolhas que o homem tem tomado para realizar seus anseios de civilização, de cultura e de desenvolvimento. Os diferentes caminhos oferecidos para nos aproximarmos dessas reflexões são, em sua maioria, discursos que realçam as visões das ciências, da economia e da política. Problemas tais como o aquecimento global, o efeito estufa, a extinção de determinadas espécies animais, o esgotamento de matérias primas, por exemplo, têm sido discutidos em sala de aula há muito tempo e com farto material de apoio.

Do lado das artes, o mais comum é encontrarmos projetos de reciclagem de material para a criação de objetos – desde utilitários até propostas mais artísticas – e de instrumentos musicais. A questão central – a consciência que o homem é o agente transformador de sua própria história neste planeta, para o bem ou para o mal – não é enfrentada de forma completa.

Neste livro, *Música e Meio Ambiente - Ecologia Sonora*, a musicista, professora e pesquisadora Marisa Fonterrada, apresenta a possibilidade de pensarmos a ecologia a partir de um ponto de vista sonoro, de refletirmos sobre as interações homem/meio ambiente a partir de nossos ouvidos, de nossa cultura musical e de nosso imaginário artístico.

Uma das primeiras pesquisadoras a estudar esse assunto em nosso País, Marisa propõe uma ampliação nos conceitos tanto de ecologia quanto de som. Começando por uma análise de alguns Mitos de Criação nos quais o elemento instaurador da vida é o som, a autora busca as raízes da crise atual comparando nosso atual estilo de vida com o de sociedades temporal e geograficamente diferentes da nossa. Os princípios do pensamento ecológico e a terminologia específica da área são explicados de forma acessível e muito próxima, para que a compreensão dos mesmos não se dê apenas conceitualmente. Tanto isso é verdade que algumas histórias infantis (Joãozinho e o Pé de Feijão, a Cigarra e a Formiga, por exemplo) e alguns mitos gregos (Orfeu, as Sereias) foram trazidos às reflexões para que o leitor perceba que a arte e a cultura podem e devem tematizar discussões sobre ecologia, enriquecendo e ampliando vivências.

Na parte final, a autora sugere experiências, jogos e atividades de conscientização áudio-perceptiva cujo objetivo principal é a sensibilização, e a tomada de consciência a respeito da qualidade de vida sonora que temos na atualidade.

Já que nossos ouvidos não têm pálpebras (como bem lembrou um dos precursores da ecologia sonora, o canadense Murray Schafer), cuidemos para que eles sejam respeitados e estimulados em suas capacidades de diálogo, de imaginação e de tolerância. Essa é a escuta do mundo que tanto nos falta.

Yara Caznok
COORDENADORA DA COLEÇÃO
"CONEXÕES MUSICAIS"

ÍNDICE

Introdução	**07**
Falando de Música e Meio Ambiente	07
Lidando com sons	08
Parte I – Mundos sonoros	**11**
Capítulo I – No princípio era o som	13
Som e mito	13
Mitos de criação	16
Hopis	*16*
Egito	*16*
Índia	*17*
Palavra mágica	17
Divindade e natureza	19
O resgate do sagrado	20
Algumas considerações	24
Capítulo II – Homem e meio ambiente	27
O homem e o meio ambiente em diferentes épocas	28
Antropossociedades arcaicas	*28*
Antropossociedades civilizadas não-ocidentais	*29*
Antropossociedades ocidentais	*32*
As raízes da crise ambiental	34
A crise ambiental atual	36
Princípios da ecologia	38
Redes	*39*
Ciclos	*39*
Energia solar	*39*
Alianças	*39*
Diversidade	*39*
Equilíbrio dinâmico	*39*
Buscando soluções	40
Capítulo III – Ambiente sonoro e ecologia acústica:	
paisagens sonoras	43
O homem e o ambiente sonoro	44
O som ambiental no decorrer do tempo	46
Antropossociedades arcaicas	*47*
Antropossociedades civilizadas não-ocidentais	*48*
Antropossociedades ocidentais	*49*
Pensando nos limites	52
O som e a crise ambiental	54
A afinação do mundo	56

Música e ambiente	58
Som, meio ambiente e pesquisa	59
Música e meio ambiente	62
Capítulo IV – Mitos e lendas	65
Som e mito	65
As sereias	*65*
Sirinx	*66*
Orfeu	*66*
Considerações	*68*
Outras histórias	69
Joãozinho e o pé de feijão	*69*
Rumpelstiltskin	*70*
A cigarra e a formiga	*72*
Mais considerações	*73*
Parte II – Vivências e construções	**75**
Capítulo V - Vivências sonoras	77
Abrindo os ouvidos	77
Som e silêncio	*77*
Som ambiente	*78*
Sons do corpo	*78*
Sons dos seres e fenômenos	*78*
Sons das coisas e das máquinas	*79*
Jogo – Máquina sonora	*79*
Pensando nos sons	80
Classificação quanto à procedência	*80*
Classificação quanto a características físicas	*80*
Som, memória e imaginação	82
Sons de agora	*82*
Sons de ontem	*82*
Sons imaginados	*82*
Capítulo VI – Construções musicais	83
Modos de organização sonora	83
Horizontal	*83*
Vertical	*83*
Explorando sonoridades	84
Brincando com sons	84
Construção e criação	85
Palavras finais	86
Glossário	**91**
Referências bibliográficas	**99**

Introdução

Falando de música e meio ambiente

Com esta publicação você vai ter oportunidade de discutir a música e sua relação com o meio ambiente. A música sempre fez parte da vida humana, desde seu início. Hoje, após tanto tempo, a música continua muito presente no mundo, de tal modo que é praticamente impossível encontrar alguém que não tenha algum tipo de contato com ela.

Esse contato pode ser ativo, ou passivo. No contato ativo, você canta, toca ou ouve música; no passivo, você não decide se quer ou não ouvir música, mas se encontra num ambiente em que a música lhe é imposta.

Outra maneira de contato passivo é a música de fundo, que fica soando o tempo todo, mas você nem escuta. A música está em toda parte, no rádio, na TV, no supermercado, no teatro, nas praças e ruas da cidade, na igreja, no trânsito, no elevador e no consultório médico. Na maior parte desses lugares, o contato com ela é predominantemente passivo.

A música está tão arraigada a nosso dia-a-dia que, para muitos de nós, parece natural tê-la por perto. Mas, na verdade, embora as pessoas convivam com ela todo o tempo, muitas não se sentem ligadas à música de modo especial, aceitando-a simplesmente, como um fato da vida, que está à disposição, e à qual nem presta muita atenção. Há pessoas, ao contrário, que gostam tanto de ouvir música, que parecem não poder viver sem ela. De algum modo, aprenderam a ouvir, estão ligadas aos sons à sua volta e sentem mesmo, necessidade de escutar, cantar ou tocar, sem o que a vida ficaria muito sem graça.

O interessante é que muitas pessoas, mesmo que a música ocupe tanto espaço em suas vidas, não sabem muito a seu respeito; é comum pensarmos que fazer música é próprio de pessoas especiais, que nasceram com o "dom" de tocar um instrumento ou cantar. E, se não nos reconhecemos como portadores desse dom, achamos que não podemos fazer música. Nesse caso, a única maneira de ter contato com ela é como ouvinte de rádio, TV, CDs, *shows* e apresentações.

No entanto, não é exatamente assim; ou, pelo menos, não deveria ser. Em música, muitas coisas, na verdade, têm de ser feitas por especialistas, mas outras são acessíveis a qualquer pessoa: cantar, fazer batucada, tocar um pouquinho de violão, ou acompanhar um sambinha com um pandeiro, são exemplos do que pode ser feito, por músicos e não músicos.

A música é feita de sons. Sons organizados. É isso que o músico faz, quando faz música: cria sons, junta alguns deles a outros, empilha-os, ou os põe lado a lado, organiza-os de várias maneiras; é como se fosse uma grande brincadeira de montar e desmontar, em que as "peças", em vez de serem de madeira ou plástico, são sonoridades.

Mas, para falarmos de música, é preciso considerar o som e sua presença no meio ambiente. É preciso, também, reconhecer sua importância para o homem, pois vivemos imersos num mundo sonoro. Nossa língua é feita de sons; com os sons nos comunicamos, nomeamos objetos, criamos mundos, sonhamos. Por isso, os sons são tão importantes; sem eles não poderíamos nem sequer traduzir nossas idéias em palavras, reconhecer coisas e lugares, ou cantar e dançar. Na verdade, fazemos tudo isso o tempo todo, mas não prestamos muita atenção nos sons que produzimos, ou que escutamos. De algum modo, estamos sempre lidando com sons, mas nem sempre temos consciência dessa capacidade.

Para compreender esse processo de ouvir, reconhecer, criar e organizar os sons é preciso que nos aproximemos deles, que os reconheçamos como fenômeno físico, existente na natureza, e captado pelos nossos ouvidos. Mas o som também pode ser criado por nós, e, para isso, lançamos mão dos meios os mais diversos.

Lidando com sons

É para ajudá-lo a compreender as diferentes maneiras de lidar com os sons e descobrir de que modo eles nos afetam que este livro foi escrito. Na primeira parte, denominada "Mundos sonoros", vamos tratar do som e de seu significado para o homem. Isso será feito de diferentes maneiras. Em primeiro lugar, viajaremos pelo mundo dos sons, tendo como guia antigos mitos que explicam a origem do mundo e nos dão pistas a respeito de como ele foi compreendido pelos nossos ancestrais. Esse é o tema do capítulo I.

Em seguida, será apresentada uma questão atual e importante - os princípios da ecologia e da educação ambiental -, que servirá de introdução ao estudo do som ambiental e da ecologia sonora. Nessa discussão, reconheceremos que o momento em que vivemos é crucial e que é preciso nos conscientizarmos da necessidade de mudar a relação do homem com o meio ambiente. Hoje, estamos chegando ao limite de nossas possibilidades, quando se trata do uso de recursos naturais, em geral, explorados de maneira indiscriminada e danosa ao meio ambiente e ao ser humano. Nos últimos anos, tem havido no Brasil um grande interesse por ecologia e educação ambiental, que, no entanto, ainda precisam ser mais bem exploradas e compreendidas. Essa é a temática do capítulo II.

Passamos, então, ao estudo da relação entre o homem e os sons ambientais, discutindo de que modo se dá essa relação. Mostraremos que, em diferentes momentos da história humana, ora ela se mostrou saudável e em equilíbrio, ora perturbada e desequilibrada, causando danos ao homem e ao espaço em que habita. E constataremos que o modo como se apresenta em cada época é semelhante ao que se dá na relação homem/meio ambiente, mostrando características mais, ou menos, ecológicas. Essas características nos fornecem dados acerca dos sons típicos de cada lugar, que lhes emprestam uma qualidade sonora peculiar, que os diferencia dos sons de qualquer outro local. A qualidade sonora de cada espaço específico costuma ser chamada "paisagem sonora", que é uma tradução da palavra inglesa *soundscape*, neologismo criado pelo compositor e educador canadense R. Murray Schafer, em suas pesquisas acerca do som ambiental. Essa discussão se dá no capítulo III.

Encerrando a primeira parte, no capítulo IV, ilustraremos a importância do som e do silêncio, em mitos antigos, fábulas e contos de fadas, que nos ajudarão a compreender os diferentes papéis do som e da música nas narrativas selecionadas. Na verdade, é um prosseguimento das questões apresentadas nos capítulos anteriores. Mas, enquanto lá se tratou da origem do som (capítulo I), da questão ambiental (capítulo II), da relação som/música/sociedade e do modo pelo qual cada época está refletida nos procedimentos de fazer música (capítulo III), aqui se destaca o som, tal como comparece nessas narrativas, e os significados que detêm.

Na segunda parte do livro, "Vivências e construções", você é convidado a se aproximar do som, por meio de exercícios e sugestões práticas. No capítulo V, são propostos exercícios de escuta e você será convidado a ouvir os sons de seu próprio corpo e ao seu redor, aprenderá a organizá-los e classificá-los, reconhecerá os sons do cotidiano e será estimulado a recordar aqueles que foram (e são) importantes em sua vida; além disso, será levado a imaginar outros sons, com os quais gostaria de conviver.

No capítulo VI, a partir da experiência de vivência sonora, você será estimulado a criar seus próprios sons e a produzi-los, utilizando recursos muito simples. Com isso, pretendemos que você comece a considerá-los parte de sua vida, estabelecendo com eles uma relação positiva e proveitosa.

Se essa aproximação ocorrer, não será difícil construir sonoridades, sozinho ou em grupo e isso pode ser uma atividade muito divertida, mas, na realidade, é mais do que isso; trabalhar com sons é uma maneira de compreender o mundo, por meio de critérios sonoros. A partir dessa experiência, tudo ficará diferente e, certamente, mais interessante, porque os sons estarão carregados de sentido.

O que se falou do som ambiental e do que ocorre com ele apresenta paralelos com o que acontece na música; cada povo tem seu próprio modo de expressão. Mas, o mesmo povo pode se expressar de diferentes maneiras; uma música para dançar é diferente de uma música contemplativa, mas ambas podem ocorrer num mesmo contexto cultural. À medida que avançarmos em nossas discussões, teremos oportunidade de compreender de que modo a habilidade de escuta dos sons vai nos auxiliar a ouvir música.

Nossa intenção é ajudá-lo a se transformar em alguém capaz de escutar com atenção e consciência. Se você aceitar o desafio e quiser descobrir esse caminho, perceberá que a escuta dos sons do ambiente o levará à escuta da música. Esperamos que consiga conviver de maneira positiva com o som e que possa contribuir para a melhoria de sua qualidade, no ambiente. Isso é importante, pois um dos papéis do som é enfeitar nossa existência, e não servir de arma contra nós. Esperamos que, com a leitura deste texto, você aprenda a compreender e a gostar de escutar e fazer música. Talvez, você descubra um lugar especial para o som e a música em sua vida, pois os sons não servem apenas para divertir, mas atingem partes profundas do nosso ser, podendo nos enriquecer muito, sempre que convivemos com eles.

No texto, quando nos referirmos a um autor, a referência constará de notas de rodapé. No final do livro, você encontrará a Bibliografia completa. Foi organizado um Glossário para auxiliá-lo quanto ao vocabulário específico. No texto, as palavras que fazem parte do glossário têm um asterisco.

PARTE

I

Mundos Sonoros

Capítulo I
No princípio era o som

Som e mito

Talvez o nome deste capítulo seja um pouco intrigante. Talvez ele faça você pensar a respeito do que esse título quer dizer. Mas quase todos já ouvimos uma expressão bem parecida: "No princípio era o Verbo". Essa expressão está na Bíblia, no Evangelho de São João, Novo Testamento, e dá um testemunho da criação do mundo[1]. Nesse trecho, afirma-se que o mundo foi criado pelo Verbo, que poderia ser compreendido como a palavra de Deus. Portanto, é com os sons de sua palavra (Verbo) que, segundo a Bíblia, Deus fez nascer o mundo.

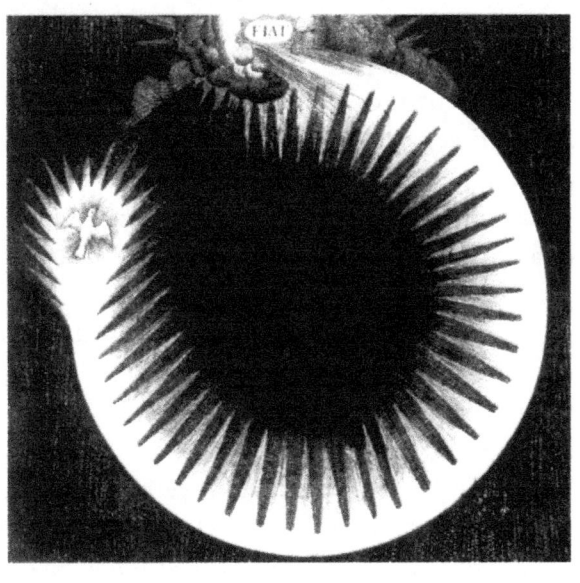

Figura 1
O primeiro dia da criação: Robert Fludd, Utriusque Cosmi, Vol. 1, Oppenheim, 1617.

No entanto, não é só a Bíblia que explica a Criação pelo som. Muitos povos antigos e, ainda hoje, algumas sociedades orais* cultivam mitos que têm explicações bastante semelhantes a respeito da origem do mundo Esses mitos, do mesmo modo que a Bíblia, relatam que ele foi criado pelo som.

Mas, antes de prosseguir, vamos nos deter por um momento na palavra mito, para compreender seu significado, pois isso nos dará suporte à discussão que se seguirá, a respeito do som e seu poder criador. Hoje em dia, a palavra *mito* é utilizada para designar alguma coisa mentirosa ou fantasiosa. É esse o seu sentido mais comum: fábula, ficção, invenção. Quando escutamos algo que não nos parece verdadeiro, dizemos: "Isso é um mito". Mas,

---
[1] Evangelho segundo João, 1:1.

também, empregamos a palavra para designar alguma coisa fantástica, surpreendente. E é comum ouvirmos, a respeito de algum artista ou esportista famoso: "Fulano é um mito". Há mitos sexuais, mitos do esporte, mitos da arte. Por suas qualidades, esse mitos se afastam dos homens comuns, ganhando, no imaginário popular, a condição de heróis.

> - Você pode citar um mito esportivo contemporâneo?
> - E um mito da música, do cinema ou da TV?
> - Você conhece algum mito que não se encontre em nenhuma das categorias anteriores? Qual?

No entanto, por muito familiar que seja esse entendimento da palavra mito, Mircea Eliade, importante pesquisador dedicado ao estudo profundo dos mitos em diferentes sociedades orais e da Antigüidade, nos alerta, dizendo que o sentido de mentira ou fantasia, atribuído à palavra mito atualmente, está equivocado Mito, segundo ele, e conforme é fartamente empregado pelos sociólogos, historiadores da religião e etnólogos, tem outro sentido, o de "tradição sagrada, revelação primordial, modelo exemplar".[2] Para Eliade, os mitos são "modelos para a conduta humana e conferem significado e valor à existência". Ele acredita que

> *compreender a estrutura e a função dos mitos nas sociedades tradicionais /.../ não é apenas elucidar uma etapa da história do pensamento humano, mas também compreender uma categoria de pensamento de nossos contemporâneos.*[3]

Desse modo, o conhecimento de mitos (no sentido apresentado por Eliade) além de ser uma ótima fonte de conhecimento de determinadas culturas, nos auxilia a compreender as questões com as quais nos debatemos hoje, pois a clareza de seu papel nas sociedades tradicionais tece pontes em direção aos nossos próprios mitos, muitas vezes escondidos e difíceis de analisar, e do que representam no mundo contemporâneo.

No que se refere à questão inicial deste capítulo, isto é, a de que o mundo foi criado pelo som, é interessante notar que diferentes sociedades,

---

[2] ELIADE, Aspects du mythe, 1963, p. 11.
[3] Idem, ibidem, p. 12.

bem distantes umas das outras, tanto no tempo quanto no espaço, explicam de modo bastante semelhante a criação do mundo. Essas histórias são chamadas "mitos cosmogônicos".

Um dos mais importantes pesquisadores contemporâneos, que se dedicou durante muito tempo ao estudo dos mitos nas mais diversas civilizações, é Joseph Campbell. Para ele, a Mitologia, aparentemente, existe há tanto tempo quanto a espécie humana. À medida que conseguimos acompanhar as primeiras evidências do surgimento de nossa espécie, não importa quão fragmentadas e espalhadas elas sejam, encontramos sinais indicadores da presença de intenções e preocupações mitológicas nas artes e no mundo do *homo sapiens*.[4]

Feita essa apresentação da importância dos mitos, vamos examinar de que modo eles explicam a criação do mundo, buscando identificar o papel do som nessas histórias de criação. Em um artigo denominado *"Ursound"*,[5]* o compositor canadense Murray Schafer trata, justamente, das forças originais da criação e de como ainda podemos reconhecer sua importância, em diferentes sociedades tradicionais. Para discutir o tema da origem do mundo pelo som, Schafer explora fontes literárias e mitológicas. E diz: "No Gênesis[6], aprendemos de que modo o espírito de Deus (que podemos conceber como respiração, pneuma ou vento), surgiu da escuridão /.../ das profundezas (uma metáfora* do inconsciente)".[7]

Para Schafer, além de sua importância como dogma* para cada grupo ou sociedade, o mito descreve a gradual clareza de consciência do homem e nos dá pistas para compreender de que modo as percepções humanas se originaram e se desenvolveram. A respeito do exemplo do Gênesis (a criação do mundo), citado acima, o autor afirma que, se o texto for lido com atenção, ficará claro que o primeiro impulso não foi o estabelecimento da diferença entre escuridão e luz, mas o anúncio acústico* dessa intenção: "... e Deus disse: [faça-se a luz]". E a luz se fez. Depois desse primeiro ato criativo, os demais atos de criação do mundo prosseguem da mesma maneira: primeiro Deus anuncia, depois a ação se dá. Ao final de cada ato é que Deus tem a visão da coisa criada: "e Deus viu que era bom".[8]

---

[4] CAMPBELL, 1993, p. 21
[5] O artigo foi publicado em SCHAFER, 1992. p.79-92.
[6] A criação do mundo é relatada no Gênesis, capítulo 1.
[7] SCHAFER, 1992, p. 79.
[8] Idem, ibidem, p. 79.

Os etnólogos* concordam que os homens das sociedades não letradas, em qualquer época e lugar, sempre identificaram o divino como "aquilo que anima o mundo", isto é, que lhe confere poder, energia, centelha de vida. O que anima o mundo é *anima*, palavra latina para alma e respiração. "Se a alma do homem reside em sua respiração, a alma do mundo está no sopro de deus", afirma o antropólogo* americano Dudley Young.⁹

A idéia de que a alma do homem está em sua respiração é muito antiga e se encontra com freqüência nos mitos de criação. O homem feito de barro é trazido à vida pelo sopro dos deuses. E que o próprio mundo é criado pela boca dos deuses é muitas vezes contado nos mitos cosmogônicos.

Figura 2 - D.A. Freher, *Paradoxa Emblemata*, manuscrito, século XVIII

Nas sociedades de tradição oral (isto é, não-letradas* e predominantemente auditivas), os deuses eram ouvidos, e não vistos e Schafer arrola alguns exemplos da criação do mundo pelo som ou pela palavra dos deuses.

Mitos de criação

Hopis*

Nos mitos de criação dos Hopis, as criaturas procederam do diálogo, e não do monólogo, como no relato do Gênesis, pois resultam da conversa entre dois deuses. Com isso, fica reconhecido que "para o som emergir, são necessários dois elementos: um ativo e um receptivo".[10-11]

Egito

Há outras tradições em que o som desempenha o mesmo papel criador. Na tradição egípcia, o deus Atum, saindo das águas abissais*, vai a uma

---

⁹ YOUNG, 1992, p. 403.
[10] SCHAFER, 1992, p. 80.
[11] Este conceito é similar ao moderno conceito de *Self*, segundo o qual, para que alguém se reconheça como indivíduo, é necessária a presença do outro, mostrando, como no mito, a necessidade da presença de dois elementos, um ativo e um passivo.

colina, onde faz nascer outros deuses. /.../ Atum diz: "eu sou o deus autogerado", isto é, um deus que se criou a si mesmo. Mas a criação dos demais deuses só se dá quando Atum nomeia as partes do seu corpo, de onde eles emergem.

Em Memphis, ainda no Egito, outra divindade, o deus Ptah concebe os poderes do universo em sua mente (coração) e os traz à existência por meio da fala (boca). Nos mitos egípcios, a articulação da consciência assume, em geral, a forma de nomeação das coisas. Eles relacionam o pensamento ao som, que consideram divino. O ato da fala (isto é, a divina força criativa original) é transmitido às criaturas (os seres criados) as quais, por sua vez, ao usarem a fala, tornam-se, também, criativas.

Índia

Em um mito brâmane, reforça-se a idéia de que o mundo procede da palavra: no princípio, só havia água. A água se aqueceu e, nela, surgiu um ovo.

...após um ano, Prajapati emergiu do ovo ... e ao fim de outro ano, tentou falar. Ele disse: 'bhuuh'; e essa palavra tornou-se a terra; 'bhuuad' tornou-se o ar; 'suah' tornou-se o céu distante.[12]

Em todas essas mitologias, a voz dos deuses (ou a voz de Deus) é criadora do universo. No mito de Prajapati, a função criadora aparece com grande clareza; as palavras não são apenas um meio de designar coisas e comunicar idéias, mas têm o poder de criar e transformar o mundo, e é esse poder transformativo que lhes confere qualidade mágica.

Palavra mágica

O uso constante de línguas desconhecidas ou de palavras impregnadas de significados ocultos aponta para uma preferência desse uso sobre o de palavras conhecidas, nos procedimentos encantatórios, isto é, nos rituais mágicos ou religiosos. Nesses rituais, o sentido real da palavra não é essencial para que seja reconhecida sua força criativa e transformativa. Nos mitos acima referidos, as coisas do mundo são criadas pelas palavras. As *palavras*, portanto, vêm antes das *coisas* nomeadas. Dentro desse entendimento da palavra

---

[12] SCHAFER, 1992, p. 83.

com o poder de criar o mundo, ela não é uma ferramenta, com a função de designar objetos já existentes, mas, sim, matriz, pois é a palavra que traz as coisas à existência, isto é, as gera, o que aponta para uma função materna. E é isso, também, que ocorre no mito, em relação à criação do mundo.

Esse conceito está presente nos mitos evocados aqui, e na primeira expressão que discutimos – *no princípio era o Verbo* – que está na Bíblia. Mas pode ser encontrado, também, em algumas filosofias contemporâneas que estudam a linguagem e suas formas de uso. Os filósofos que desenvolvem esses estudos também não compreendem a linguagem como ferramenta para nomear coisas e fenômenos preexistentes; para eles, as palavras (poderia dizer, também, os sons) têm o poder de criar coisas e fenômenos. De acordo com esse entendimento, o homem, ao aprender a falar, cria seu próprio mundo.[13]

Essa afirmação pode parecer bem estranha e, talvez, você a contradiga: "Como isso é possível? Afinal, quando nasci, o mundo já estava lá. Eu cheguei depois, portanto, as palavras que profiro não têm esse poder criador". E, num certo sentido, você terá razão. Mas, cada um de nós vê o mundo de um modo peculiar, a partir de um ponto de vista único. É um exercício interessante observar pessoas diferentes contando o mesmo incidente, presenciado por elas. Não há dois relatos iguais. Isso ocorre porque, mesmo que todas tenham presenciado a mesma coisa, cada qual vê o acontecido por um ângulo diferente e enfatiza um determinado ponto que, talvez, a outra testemunha nem sequer tenha notado. Cada um interpreta a situação a partir de um ponto de vista. É essa maneira pessoal de observar que leva à afirmação de que "cada um cria seu próprio mundo", pois ele é construído a partir da experiência individual.

No entanto, é preciso enfatizar que nossa visão de mundo - o mundo que criamos - obedece tanto a critérios individuais, quanto a outros, forjados pelo meio em que vivemos ou fomos criados. É comum, em cada época, haver predomínio de algum tipo de visão de mundo sobre outros, pautado em crenças e valores compartilhados pelos membros da sociedade ou grupo social.

Nos estudos a respeito da comunicação humana, aprende-se que, no processo de comunicação, há necessidade de duas coisas: os interlocutores

---

[13] Essas teorias da linguagem são desenvolvidas por pensadores contemporâneos interessados na fenomenologia da linguagem. Consulte-se GADAMER, *Philosophical hermeneutics*, 1977 e MERLEAU PONTY, Sobre a fenomenologia da linguagem, 1984.

devem falar a mesma língua e estar inseridos no mesmo contexto (histórico, cultural, profissional, familiar, ou determinado por interesses específicos). Quando um desses dois elementos falta, a comunicação não se dá, ou ocorre de maneira deficiente.

No entanto, quando se trata de palavras mágicas, bem comuns nos mitos e lendas antigos, não é bem isso que ocorre. Nesse caso, a compreensão literal do texto, realmente, não importa, pois as palavras podem não ter nenhum significado aparente e soar como um amontoado de sons desprovidos de sentido, o qual somente será conhecido posteriormente,

> ... *à medida que as coisas produzidas por elas [as palavras mágicas] assumem definição e podem ser apreendidas pelos outros sentidos. O poder mágico de tais maneiras de falar nunca foi perdido; ele está presente entre os assim chamados "primitivos"; ele está presente nos rituais de encantação de todas as religiões; ele está presente nas performances dos poetas-sonoros contemporâneos (sound poets). O significado das palavras mágicas é freqüentemente desconhecido, ou há muito foi esquecido. Elas são jaculatórias* acústicas, fator de onde provêm, tanto a linguagem, quanto a música.*[14]

O que Schafer afirma nessa citação é que, mesmo hoje, em que vivemos tão distante dos povos antigos, as palavras mágicas ainda existem, dentro ou fora de um contexto religioso. E, muitas vezes, elas ainda são proferidas, mesmo que não se conheça o seu significado real. Ao contrário da compreensão de um texto, que nem sempre está presente na palavra mágica, o contexto, certamente, está; e a palavra mágica, embora não compreendida em seu sentido literal, o é em sua intencionalidade, pois as pessoas que participam da cerimônia em que elas são proferidas lhes atribuem sentidos, que são compartilhados por todos que pertencem àquela comunidade. Assim, mesmo sem conhecer o sentido literal de um texto, o processo de comunicação entre os que participam de uma cerimônia ou do ritual em que ele é proferido – os adeptos - está sempre presente.

Divindade e natureza

Não se pode saber exatamente de que modo os primeiros homens concebiam a divindade, a não ser pelas pinturas e objetos que deixaram, e

---

[14] SCHAFER, 1992, p. 84.

por alguns indícios presentes em sua cultura, que chegaram até nós, graças ao trabalho dos pesquisadores arqueólogos*, etnólogos e filólogos*. Pouco sabemos a respeito do período pré-histórico, a não ser por fragmentos esparsos, que o pesquisador tenta juntar e organizar, como pistas para se conhecer uma história que, talvez, nunca seja completamente elucidada.

Figura 3
Pintura rupestre da Caverna de Lascaux (França), cerca de 15 a 10 mil anos a.C.

No entanto, apesar desse estado precário e fragmentado das informações, o estudo de diversas culturas nos mostra que a natureza era venerada e as forças dos fenômenos naturais consideradas divindades. O trovão e o raio eram manifestações divinas; os sons do vento e das águas eram as vozes dos deuses, reafirmando aos humanos seu poder, contentamento ou desagrado.

Nesse mundo mágico, o homem habitava, cercado de sons e deuses, que venerava, e diante dos quais tremia. Para alguns artistas, esse poder que

Figura 4
A criação do Homem, pintura em afresco de Michelangelo, 1508-1512
(Capela Sistina, Vaticano).

magicamente acorda é estético*, o que significa que, além do mistério e do êxtase* religiosos, o homem pode experimentar o mesmo estado "que interrompe ou intensifica o fluxo normal dos eventos", pela arte.

O resgate do sagrado

Os resquícios do antigo poder sagrado presente em expressões utilizadas pelo homem contemporâneo podem ser interessantemente resgatados pelo estudo da etimologia* de algumas palavras. Por esse estudo, consegue-se resgatar sentidos constantes na forma original que, muitas vezes, se perderam no tempo.

Essa questão é extensamente abordada por Dudley Young, no Apêndice de seu livro *As origens do sagrado*.[15] De maneira geral, o autor perscruta a origem de inúmeras palavras, buscando sentidos a partir de sua etimologia. Ele afirma a importância de se buscar a raiz original, muitas vezes, portadora de sentidos que se perderam no decorrer do tempo e que trazem em si uma metáfora, que, por sua vez, aponta para outros sentidos, mais amplos do que o significado imediato; e, quando conseguimos resgatá-los, podemos conhecer, além de seu significado usual, seu sentido anterior, de caráter metafórico*, geralmente ligado aos mitos, rituais e ao poder mágico, esquecido na época contemporânea, mas que pode ser trazido de volta, não só por líderes religiosos, feiticeiros e xamãs, mas pelo trabalho de artistas e poetas ou, também, como sugere Young, com o auxílio da etimologia.

Esse autor destaca a palavra grega *pneuma*, que quer dizer vento, alma, respiração, vibração e movimento. Se a respiração garante ao ser humano o ar, essencial à vida, o vento é vida, a alma é vida. Assim, respirar é dar vida ao mundo. O som saído da boca de um deus era conduzido pelo sopro (respiração), pois a voz necessita do ar para se concretizar. Por isso, o sopro divino era chamado *pneuma*, que contém a energia conferida pela vibração. O equivalente de *pneuma* em latim é *anima**. Estar animado é estar possuído da divina energia da vida. Alma do mundo, sopro de vida, energia divina doada pelos deuses ao homem. O sopro da vida, que anima todas as coisas (dá alma) está presente no vento, outro fenômeno entendido como divino pelo homem da Antigüidade, como portador da divina energia: *Pneuma*

Young destaca, também, junto a *pneuma*, outras duas palavras, que têm em comum com ela a partícula *neu: neuma* e *neuron*.

---

[15] YOUNG, 1992.

Pneuma é vento, ar, energia divina;
Neuma é aceno, movimento leve. Designa, também, a passagem do vento nas flores e folhas;
Neuron é nervo, tendão; denota movimento vigoroso, força.[16]

Dessas três noções, Young retira sua interpretação acerca do divino: a noção fundamental presente nas três palavras é a de movimento, aspecto radical da divindade. O vento e o movimento, diz ele, são aberturas naturais para o divino. Em *pneuma*, temos a energia divina; em *neuma* e *neuron*, as diferentes qualidades dessa energia, que pode ser suave como um aceno ou uma brisa, ou vigorosa como um vento forte ou furacão. Essa instabilidade é característica do vento, como, também, da divindade.

Após essa observação, o autor prossegue em suas conceituações na busca do sagrado, a partir da etimologia:

> Pn *é um som cheio de ar. Esse som tem a ver com a garganta e a passagem de ar. Tirando-se o* p, *remove-se o ar e fica-se com* neuma,[17] *o aceno pelo qual o deus torna seu desejo conhecido pela ação do olhar, pois o aceno não soa e tem de ser visto para ser compreendido. Apagando-se o* p, *portanto, movemos o deus do vento para o deus do templo.*[18]

Ou, dizendo de outro modo, retirando o p da partícula *pn*, substituímos o deus acústico pelo deus visual.

O mesmo tipo de aproximação desenvolvida por Young com a intenção de encontrar sentidos a partir da etimologia se encontra em um texto do Professor Hans Joachim Koellreutter, importante músico e professor alemão, radicado no Brasil desde 1937 e responsável pela formação de grande parte dos músicos que atuam no país, compositores, regentes e professores de música.[19]

Nesse artigo, o ponto de interesse de Koellreutter é, como em Young, o resgate do sentido de algumas palavras, perdido para o homem contemporâneo. No entanto, há algumas diferenças em suas atitudes, que é preciso

---

[16] YOUNG, op. cit., p. 402.
[17] Além do significado apresentado, neuma é, também, notação musical e, nessa função, substitui o som (acústico) pela sua representação no papel (visual).
[18] YOUNG, op. cit., p. 405.
[19] KOELLREUTTER, Mito como silêncio e som – premissa de uma estética que pretende superar o dualismo. In: Schüler & Goettems. *Mito ontem e hoje*, 1990, p.160 - 4.

assinalar: enquanto Young aproxima palavras diferentes pelo sentido metafórico redescoberto a partir de sua etimologia, Koellreutter trabalha em outra direção, utilizando um procedimento bastante comum às sociedades arcaicas; o uso de uma só palavra para designar aspectos opostos da mesma realidade. Na verdade, ele afirma, não se trata de uma real oposição ou contradição entre coisas diferentes, como a tradição racional do ocidente quer acreditar, mas de se encontrar aspectos diferentes de uma só coisa, constatando-se a convivência de diversos sentidos nas mesmas palavras, o que lhes confere um caráter dúbio, ambivalente.

A respeito disso, novamente Dudley Young vem em nosso auxílio, quando discorre a respeito da ambigüidade*. Comentando as características do sagrado, o autor mostra que "quanto mais para trás no tempo se vai, mais a noção de sagrado está ligada à de poluição". "O homem primitivo está ligado ao *mysterium tremendum* e a sua esmagadora ambigüidade" é a citação de Mary Douglas em seu livro *Purithy and Danger*, que Young escolhe para ilustrar seu pensamento.

> *No decorrer do tempo, as culturas têm se empenhado em separar as duas noções, de sagrado e não limpo (poluído), mas o mais importante é, ao se tentar a separação, preservar a ambigüidade, pois, caso ela não se sustente, os dois termos perderão a potencialidade e a experiência do sagrado se esvairá.*[20]

O exemplo destacado por Koellreutter caminha nessa direção. Ele escolhe para análise, justamente, a palavra mito, derivado do grego *mythos*, que contém a raiz *mu*. *Mythos* quer dizer narrar, contar, falar em voz alta. A mesma raiz está presente na palavra *mysterius*, que significa falar para dentro, atingir regiões profundas da psique, calar-se. *Mu*, portanto, designa, ao mesmo tempo, som e silêncio; a mesma raiz refere-se a falar e calar. Calar, aqui, não é o oposto de falar, mas significa "falar em outra direção"; enquanto o falar se projeta para fora, para o mundo, para o outro, o calar inverte o sentido, mostrando que quem se cala, fala para dentro, para si mesmo. Os sentidos da palavra, portanto, não se opõem ou excluem; eles se apresentam como aspectos da mesma coisa e é isso que os torna ambivalentes, ambíguos.

---

[20] DOUGLAS, M. Purity and Danger. In: YOUNG, op. cit., p. 401.

Algumas considerações

Até agora, discutimos três pontos principais, estreitamente ligados ao papel desempenhado pelo som, tanto em povos da Antigüidade, quanto em sociedades orais da atualidade.

O primeiro deles é sua função criadora, representada pelos numerosos mitos que explicam a origem do mundo pelo som, pronunciado por um deus, ou por deuses.

O segundo trata da relação entre o homem das sociedades orais antigas e contemporâneas e os fenômenos sonoros da natureza, interpretados como vozes divinas. O homem pertencia à natureza, fazia parte dela e com ela se relacionava o tempo todo, acreditando ser uma força divina.

O terceiro ponto tratado foi o do significado original das palavras que, na época contemporânea, muitas vezes foram esquecidos e abandonados.

Quanto a esse aspecto, podem se apresentar duas situações diferentes, aparentemente contraditórias: a palavra invocada nos rituais mágicos, cujo sentido textual não precisa, necessariamente, ser conhecido por quem os pratica, e o resgate de determinadas raízes muito antigas, de palavras ainda hoje utilizadas, por conterem em si mesmas os significados originais.

Também aqui, há duas maneiras de examinar a questão: a semelhança entre palavras diferentes, resgatada por Young em seu estudo da etimologia (com *pneuma, neuma, neuron*), e o duplo sentido de uma mesma palavra, destacado por Koellreutter, também, com o auxílio da etimologia. É o caso de falar/calar, alto/baixo, som/silêncio. Não se trata de aspectos contraditórios, mas de sentidos duplos para a mesma palavra, que se opõem como faces da mesma moeda.

A ênfase na sonoridade das palavras e não no seu significado, uma das características da palavra mágica, encontra-se, também, na poesia, em que a sonoridade é tão importante quanto o sentido. Essa ênfase no aspecto sonoro, objeto de interesse poético em todas as épocas, intensifica-se consideravelmente no século XX, graças ao poder de seus poetas e músicos. É o que se dá no início desse século, com movimentos como o Dadaísmo*, o Futurismo* e, mais recentemente, com a poesia concreta* e os poemas sonoros* (*sound poems*), fortes exemplos de sonoridades que sobrepõem, compõem ou contradizem os sentidos das palavras. Constata-se, assim, que o texto poético detém um sentido musical, que quase anula a diferença e resgata a união original entre música e poesia.

Este procedimento, porém, não se expressa unicamente na poesia, mas encontra-se, também, na própria música, mesmo quando o som faz sentido por si só, sem estar, necessária e explicitamente atrelado ao significado de um texto. Nas manifestações artísticas, os sons nos encantam, nos provocam, nos assaltam e mostram que, mesmo hoje, em que a preocupação com o divino, com a natureza, ou com a magia já não parece tão crucial como havia sido antigamente, a arte ainda detém o poder de criação e transformação.

Capítulo II
Homem e Meio Ambiente

Antes de abordarmos a questão do som ambiental na época contemporânea, é preciso discutir alguns conceitos ligados à questão ecológica e à educação ambiental. A ecologia, que por muito tempo foi tratada em âmbito restrito, passa a ter espaço mais amplo nos meio de comunicação, à medida que surgem sinais de evidente desgaste no nosso modelo de vida atual, em especial no que diz respeito à nossa relação com o meio ambiente. Nos Parâmetros Curriculares Nacionais, documento elaborado pelo MEC[21] após a promulgação da última Lei de Diretrizes e Bases da Educação Nacional – LDBEN nº 9394/96,[22] existe explícita a preocupação em relação à presença da educação ambiental nas escolas.

No volume dedicado aos Temas Transversais, nos PCN[23] para o Ensino Fundamental de 5ª a 8ª séries, há um item dedicado à educação ambiental, que discute a relação do homem com o meio ambiente e sua responsabilidade, como cidadão, para com os recursos da terra. Além dos PCNs, o MEC, no seu *site*, resgata inúmeros documentos importantes, nacionais e internacionais, surgidos a partir de meados da década de 1970, até agora, no início do século XXI.[24]

Ecologia tem origem nas palavras gregas *oikos* – meio e *logos* – estudo, significando o estudo da relação entre o meio ambiente e os seres vivos. Falando de um modo amplo, o ambiente como *habitat* de todos os seres vivos é o próprio planeta Terra. O campo de estudos da ecologia abrange as três grandes áreas do conhecimento: exatas, biológicas e humanas, embora haja quem diga que toda ciência é humana, pois em qualquer investigação científica o homem está necessariamente presente.

Até a Revolução Industrial, a relação entre o homem e o meio ambiente era equilibrada. A partir do crescimento das fábricas e indústrias, e do fortalecimento do ideal de desenvolvimento e de progresso, teve início o desequilíbrio na relação. Mas, para que se compreenda o que isso quer dizer,

---

[21] MEC – Ministério de Educação.
[22] A educação brasileira, em todos os níveis, da Educação Infantil aos cursos de Pós-graduação, passando pelo ensino fundamental, médio, profissionalizante e superior, é regida pela Lei de Diretrizes e Bases da Educação Nacional. A última, promulgada em 1996, recebeu o no. 9394/96.
[23] PCN - Parâmetros curriculares nacionais.
[24] Consulte-se o *site* www.mec.gov.br/educaçãoambiental.

é preciso estudar com cuidado em que ela consiste e de que modo sofreu alterações com o passar do tempo, até chegar à situação atual.

Ao estudar a relação homem/meio ambiente, é preciso lembrar que o ser humano não está fora do meio, mas faz parte dele, uma questão que, embora fosse plenamente compreendida pelos nossos avós pré-históricos, vem sendo esquecida pelo homem contemporâneo, que não se vê inserido no meio, mas o compreende como algo material, externo a ele, do qual pode desfrutar e retirar o que julgar necessário. A relação que o ser humano ou determinado grupo social mantém com o meio ambiente em que vive obedece a diversas ordens: política, econômica, educacional, cultural, social, artística; portanto, trata-se de uma relação bastante complexa, que envolve muitas áreas de atuação e formação, cada qual com um corpo de conhecimentos próprio e peculiar, que sofre modificações no tempo e no espaço. Saber de que modo ela se deu em diferentes épocas da civilização humana nos ajudará a compreender as questões específicas da época em que vivemos.

O homem e o meio ambiente em diferentes épocas

Arthur Soffiati, brasileiro, estudioso do fenômeno cultural, em um de seus artigos[25] sintetiza a evolução da relação homem/meio, desde as mais remotas manifestações humanas até a época atual. Para isso, resgata historicamente o modo pelo qual o ser humano compreendeu a natureza e se relacionou com ela, em diferentes períodos históricos, examinando se essas relações entre as antropossociedades* e a natureza são equilibradas ou desequilibradas. Soffiati classifica as diferentes sociedades humanas em três grupos: arcaicas, civilizadas não-ocidentais, e civilizadas ocidentais.

Antropossociedades arcaicas

Pouco se sabe das sociedades arcaicas, a não ser o que se descobriu por indícios encontrados em escavações efetuadas em antigos locais, descobertos em pesquisas arqueológicas e paleontológicas. A princípio, nossos ancestrais não tinham local definido para viver e erravam pelas matas, à pro-

---

[25] SOFFIATI, Fundamentos filosóficos e históricos para o estudo da ecocidadania e da ecoeducação. In: Layrargues & Castro, 2002, p. 23-67.

cura de alimento. Depois de algum tempo, começaram a se fixar e aprenderam a viver da colheita, da caça e da pesca.

O trabalho era organizado por divisão técnica e por sexo e as sociedades demonstravam reduzida capacidade de transformação da natureza. No entanto, a partir da instituição das atividades agrícolas e de pastoreio nessas sociedades, os ecossistemas nativos transformaram-se, passando de naturais a antrópicos, isto é, de ambientes em estado natural (nativos), a ambientes criados ou transformados por mãos humanas. Essa transformação, por interferir no curso da natureza, já começa a provocar algum desequilíbrio ambiental, embora as crises deflagradas fossem localizadas.

O homem das antropossociedades arcaicas era religioso, concebendo a natureza como dotada de valor sagrado. A Terra era considerada a mãe nutriz (Mãe Terra) e o Cosmos uma organização real, viva e sagrada. A natureza exprimia coisas que nem sempre o homem conseguia compreender, o que fazia com que as considerasse um mistério, ligando-as, portanto, à ordem divina. Dentro desse tipo de sociedade, conhecer a natureza não significava compreendê-la, mas adorá-la. Os mitos de criação do mundo, que discutimos no capítulo I confirmam essa afirmação.

Antropossociedades civilizadas não-ocidentais

O item seguinte na classificação trazida por Soffiati é o das antropossociedades civilizadas não-ocidentais. As sociedades arcaicas, com o passar do tempo e com as atividades de plantio, colheita e pastoreio, começaram a se desenvolver e a se tornar paulatinamente mais intrincadas, até se transformarem, de simples agrupamentos, em sociedades complexas.[26]

Embora as sociedades complexas continuassem a cultivar o pensamento religioso, essa religiosidade já não era difusa, presente em toda a natureza e no Cosmos, mas se consolidava em religiões organizadas, em geral de caráter politeísta* em que ocorriam práticas rituais em templos e locais sagrados, especialmente construídos para render homenagem às divindades. Além disso, pode-se dizer que a consolidação da agricultura e da pecuária, já iniciada anteriormente e bastante evoluída agora, era o primeiro passo para a dessacralização do mundo, que avançou com a organização do espaço, o

---

[26] Ao utilizar o termo "Sociedades complexas", Soffiati adota o conceito de sociedade, cultura e civilização, utilizados por Toynbee e Caplan. Consulte-se Toymbee & Caplan, *Um estudo de história*,1986 (Edição condensada da obra *Study of History* - 22 volumes).

adensamento populacional, até chegar a novos e complexos espaços urbanos, com a criação das primeiras cidades. Isso ocorreu aproximadamente em 3.500 a. C., notadamente no Oriente Médio. As grandes civilizações surgiram no Leste, expandindo-se em direção ao Ocidente, podendo-se citar, entre as mais significativas, as da Babilônia, Mesopotâmia, Egito, além das mais distantes Índia e China.

Essas sociedades promoveram um significativo avanço nas realizações humanas, como a edificação de grandes obras hidráulicas, barragens, drenagens e métodos de irrigação, construção de enormes palácios, pirâmides e monumentos. Além delas, podem ser citadas as antigas civilizações das Américas, como a dos Incas e Maias, que se destacaram pelo nível de conhecimento e grandiosidade de suas construções. E, num período anterior a estas civilizações, há vestígios de um grupo indígena conhecido como Chicanos, no Peru, que demonstram ter tido amplo domínio de técnicas complexas, utilizadas na construção de sistemas de irrigação e templos.

Nesse tipo de sociedade, o homem interfere na natureza, buscando criar melhores condições de sobrevivência e qualidade de vida. A partir dessa atividade, dá-se a ruptura da concepção sagrada de mundo, impondo-se um movimento de dessacralização, condição para a sociedade intervir na natureza.

Figura 5
Templo hindu, templo maia e pirâmide egípcia.

Embora o sagrado não desapareça - e a riqueza de religiões, cultos e rituais que sobreviveram nos documentos e objetos encontrados comprovam sua força - existe um fator muito importante, que marca a diferença entre essas civilizações e as sociedades arcaicas: nesse momento a separação entre sagrado e profano provoca o afastamento do homem do meio em que vive. Ele não se vê mais imerso num mundo indiferenciado, sagrado, tremendo, que respeita e teme, como ocorria com as sociedades arcaicas, mas se percebe deslocado do mundo, assumindo a posição de construtor, capaz de interferir na ordem natural pelo domínio das forças da natureza que, então, consegue manipular.

Isso, ao mesmo tempo, lhe confere uma sensação de poder, mas traz, também, um sentimento de angústia, provocada por esse movimento de afastamento do homem em relação ao mundo. Soffiati ilustra essa questão com a Epopéia de Gilgamesh,[27] o gigante semideus, portador de duas partes divinas e uma humana. Enquanto suas partes divinas lhe conferem poder, a humana o torna sujeito à morte. O temor da morte contraria o movimento de profanização e reaproxima o homem da condição religiosa, pois o contato com o divino é uma maneira de aliviar a angústia. Esses sentimentos contraditórios apresentados pelo homem estão em profunda relação com sua aproximação ou afastamento da natureza.

> *Se, do ponto de vista existencial, é verdade que todas as sociedades humanas padecem a nostalgia do paraíso perdido, do ponto de vista histórico, as primeiras civilizações buscam reencontrar o equilíbrio rompido por ação da cunha tecnológica. O grande sinólogo Jacques Gernet defende a tese de que o confucionismo e o taoísmo são, em boa medida, respostas filosófico-religiosas às grandes agressões perpetradas pela aristocracia das duas primeiras dinastias chinesas contra florestas e animais.*[28]

Soffiati, porém, vai mais além do autor que lhe traz essa referência, ao considerar que as duas correntes filosófico-religiosas mencionadas - o confucionismo* e o taoísmo* - parecem ser uma resposta à questão de base do homem: a consciência da vida e da morte. Ao contrário das sociedades arcaicas, que entendiam a natureza como algo sagrado, algumas das religiões

---

[27] Epopéia de Gilgamesh. Originária da Suméria. Um dos mais antigos exemplos da literatura épica.
[28] SOFIATTI, A., 2002, p. 35.

das civilizações complexas, como o taoísmo, vêm na natureza a convivência de forças opostas e complementares que, quando em relação de equilíbrio, superam a separação, provocando no adepto a união mística com o Cosmos.

Essa posição, também, é encontrada em sociedades tribais da atualidade, que buscam o equilíbrio na relação entre todos os seres - humanos e não humanos -, a terra e o cosmos. Essa concepção, encontrada nessas sociedades, vai se constituir um dos fundamentos da ação ecológica e da educação ambiental.

Antropossociedades ocidentais

O terceiro núcleo de civilização, na classificação mostrada por Soffiati, é o das antropossociedades ocidentais, cujo berço é a Europa Ocidental. Essa sociedade origina-se nas antigas civilizações orientais, como a siríaca, a judaica, a greco-romana, além dos povos germânicos e eslavos. Há um movimento de deslocamento desses povos, uma verdadeira marcha civilizatória em direção ao Ocidente, estando todos eles "fundidos de maneira complexa no cristianismo católico romano, ao mesmo tempo líquido amniótico e fator de unidade cultural, juntamente com o latim".[29]

Povos vindos do Oriente logo se estabelecem na Europa, constituindo os primeiros núcleos formativos do que seria conhecido, mais tarde, como civilização ocidental. No entanto, em virtude de uma série de fatores, como, por exemplo, a explosão demográfica e a aridez do clima, que dificultavam ou mesmo impediam sua vida nos locais em que se fixavam, sentiram necessidade de se expandir. Num primeiro momento, essa expansão ocorreu internamente, transformando o próprio território em que habitavam os homens chegados do Oriente, pela ocupação de espaços, drenagem de regiões aquosas, corte de florestas e irrigação de terras secas. Para poder habitar os espaços que encontrava, o homem viu-se obrigado a interferir incisivamente no meio ambiente, transformando-o, para que pudesse acolher os agrupamentos humanos que chegavam, à procura de segurança e estabilidade.

Essa ação civilizatória, no início, adequou-se às necessidades dos grupos sociais; no entanto, após o esgotamento das possibilidades dos espaços encontrados e modificados, a expansão prosseguiu para além do território europeu. Primeiramente, os povos do Norte (escandinavos) buscaram en-

---

[29] SOFIATTI, A., p. 36.

contrar e tentaram conquistar as terras da Islândia e da Groenlândia, malogrando, entretanto, pela resistência dos nativos. Isso ocorreu entre os séculos XI e XV; num outro momento, o movimento das Cruzadas chegou à África e ao Oriente Médio, invertendo a direção da rota da ocidentalização anterior; e, embora tivessem iniciado a construção de seus próprios reinos, também não conseguiram se manter. Esse movimento ocorreu entre os séculos XI e XIII. Finalmente, os conquistadores buscaram uma nova rota para as Índias pelo Oeste, e rumaram pelo Oceano Atlântico, chegando ao continente americano onde efetivamente ocorreu a expansão do mundo e o início da era planetária, por volta dos séculos XV e XVI.[30]

O movimento de expansão interferia nas terras conquistadas e os europeus que se aventuravam pelas terras descobertas, por sua vez, interferiam cada vez mais e com maior vigor na vida de seus habitantes, em nome do desenvolvimento e do progresso. Na verdade, eles buscavam soluções para suas próprias crises, provocadas por circunstâncias de vida, como explosão demográfica, escassez de alimentação e aridez do clima. Ao buscar e conquistar esses espaços, os povos civilizadores não consideravam os povos que encontravam em seu caminho, como diferentes deles próprios, inseridos em outra cultura, portadores de outros hábitos, outras línguas, outras crenças. Assim, por entenderem que sabiam o que era melhor para todos, subjugavam esse povos, impondo-lhes seus valores e modo de vida. Foi isso que ocorreu quando o homem procedente da Europa chegou aos continentes descobertos; e povos inteiros foram dizimados ou escravizados pela ação desses pequenos grupos de indivíduos.

Característica da época do Renascimento, essa ânsia por conquistar e subjugar, contudo, não parou e, no correr dos séculos, não deixamos de ver povos invadindo terras de outros povos, ou comunidades de um determinado local brigando internamente, pelo uso do mesmo espaço. E hoje, estende-se a busca para além do planeta Terra, procurando novos espaços no sistema solar e, quiçá, fora dele, demonstrando que a sede de conquista do ser humano é insaciável.

Não se pode julgar uma época a partir dos valores de outra. No entanto, é possível dizer que a interferência cada vez maior do homem sobre o ambiente em que habitava, ampliada pela expansão em direção a novas terras, cobrindo, praticamente, todo o globo terrestre, aumentou ainda mais o desequilíbrio da relação homem/meio ambiente, que havia se iniciado em

---

[30] SOFIATTI, A., p. 36 e 37.

épocas anteriores, com as primeiras interferências humanas, quando o homem abandonou o nomadismo e começou a fixar-se em territórios específicos, para plantar e pastorear.

A natureza, nesta fase expansionista da civilização ocidental, já se mostrava dessacralizada e o homem se sentia cada vez mais autoconfiante e suficientemente poderoso para dominar o mundo e manter o Deus cristão longe de si, num outro mundo transcendental e afastado da Terra, tendência que se aprofundou durante a ação civilizatória ocidental.

As raízes da crise ambiental

Pode-se dizer que, no pensamento do homem ocidental encontram-se as raízes da crise ambiental. Para as sociedades antigas, a natureza englobava o mundo total, incluindo deuses e seres, humanos e não humanos. Ainda entre os antigos gregos, o homem fazia parte da natureza e era comum a diversos filósofos a atitude contemplativa diante da vida.

Diferente dos gregos, o judaísmo ultrapassou o conceito de tempo circular, comum às civilizações do passado, introduzindo a linearidade da história, fortemente presente daí então, nos movimentos e sistemas de pensamento ocidental. A anterior sacralidade difusa do Cosmos é substituída por uma entidade pessoal (Jeová) e pelo processo histórico; em conseqüência, o homem passa a ter vida própria e a viver em um mundo cada vez mais objetivado e distante do sagrado.

René Descartes*, no século XVII, considerado o pai da Ciência, em seu *Discurso do Método*, considera o homem senhor e proprietário da natureza. Embora dono de tudo, o homem, a partir de então, passa a ser concebido como máquina e, portanto, sujeito a leis mecânicas; foi nessa época que se passou a aplicar aos seres vivos as leis universais da física mecânica. Acreditava-se que, pela observação dos fatos e a reflexão sistemática, podia-se chegar à Verdade.

Isaac Newton, o físico descobridor da lei da gravidade, comparava o Universo a um grande mecanismo de relojoaria, que funcionava com precisão absoluta. É esse o ideal do ser humano ocidental: conhecer, dominar e transformar o mundo, pelo controle de seus mecanismos. A partir do final do século XVIII, o paradigma mecanicista, articulado às transformações econômicas, sociais e políticas, abriu caminho para a Revolução Industrial. O poder da natureza transferia-se para a máquina e, a partir desse conjunto de circunstâncias, abria-se caminho para a crise ambiental atual.

A partir de meados do século XIX, essa concepção de mundo, de caráter mecanicista, começa a ser abalada; embora não desapareça, seus valores são questionados e relativizados, como decorrência de novas maneiras de ler e interpretar o mundo. As Teorias da Relatividade*, desenvolvidas por Albert Einstein (1879-1955), após o impacto inicial, são aceitas e valorizadas por importantes cientistas. Com ela, instala-se, também, o princípio da incerteza*. Já não se acredita, mais, numa Verdade universal e imutável. As conclusões das observações científicas não dependem apenas dos objetos e fenômenos, mas, também, do observador.

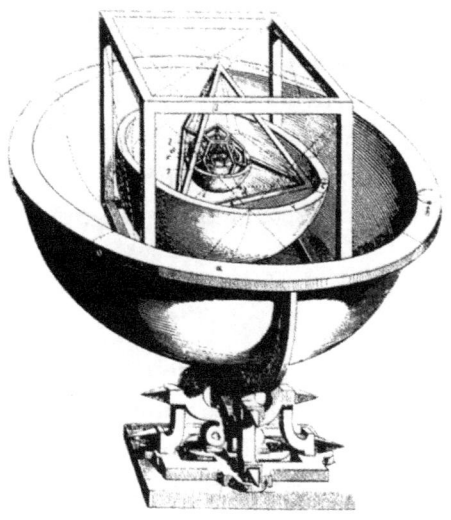

Figura 6
O universo como mecanismo:
J. Kepler, Mysterium Cosmographicum, 1660.

Com isso, surge um novo componente na prática científica, anteriormente não reconhecida e apenas de uso de poetas e artistas: a interpretação. Surgem, então, as ciências humanas, como a psicanálise e a psicologia, que se afastam da certeza objetiva e buscam compreender a subjetividade da mente humana, e, também, a sociologia, que tem por meta compreender as ações, condutas, sistemas de crenças e valores de diferentes agrupamentos humanos. Em todas essas áreas, a interpretação dos fatos é valorizada e praticada, além da observação, que já se fazia anteriormente.

Foi em meados do século XX que o homem começou a entender a interdependência entre ele e o meio ambiente e a se ocupar com a maneira pela qual ela se dava; a biologia passou a auxiliar outros campos do conhecimento, na compreensão das questões ambientais e na relação entre coisas e fenômenos. Na década de 1950, estabeleceu-se um elo entre o vivo e o desprovido de vida, concebendo-os como entidades articuladas. Nas décadas de 1960 e 1970, os cientistas que se dedicavam ao estudo do homem e do meio ambiente afirmam que o ser humano não pode ser compreendido fora do contexto da biologia e da ecologia. Além disso, descobriu-se que muitos traços, até então considerados exclusivos do ser humano, eram, na verdade, comuns a outros seres da natureza, o que mostrou a necessidade de se eliminar a primazia do homem sobre os outros habitantes do planeta.

Uma nova imagem de natureza começava a se formar, levando muitos pesquisadores a estabelecer ligações entre a ciência e algumas filosofias e religiões orientais. É o caso do físico americano Fritjof Capra, que sugere a aproximação entre a física e o taoísmo.[31] Essa mudança de postura ajuda a preparar a humanidade para a conscientização da crise ambiental, única maneira de se chegar a propostas práticas, voltadas à sua solução.

A crise ambiental atual

Hoje, não existe dúvida de que vivenciamos uma profunda crise ambiental, de alcance mundial. O modelo industrial, cada vez mais difundido pelo processo de globalização, interfere profundamente na natureza, provocando alterações climáticas, destruição de florestas, poluição da água e do ar, esgarçamento da camada de ozônio, para citar alguns dos sintomas mais preocupantes da crise. Nesse quadro, o que mais traz preocupações é o fato de que as ações acima expostas, extremamente danosas ao meio ambiente e ao ser humano, são provocadas pela ação do homem, isto é, decorrem de atividades empreendidas por ele próprio.

Ações que causam dano ao meio ambiente

- *Alterações climáticas devidas ao acúmulo de gases – combustíveis fósseis das indústrias e de veículos motorizados.*
- *Destruição de florestas e atóis de coral, pela caça e pesca predatória, extração descontrolada de madeira, entre outros fatores.*
- *Destruição da camada de ozônio, impedindo a proteção dos efeitos da radiação ultravioleta dos raios solares, o que provoca doenças de pele, como o câncer.*
- *Chuva ácida, resultado da combinação de gases poluentes e vapor d'água existente na atmosfera, que polui e destrói ecossistemas lacunares e vegetais (lagos e florestas).*
- *Depleção* de recursos não renováveis (petróleo), extraídos da terra e dos mares e transformados em gases, que sobem às mais altas camadas da atmosfera.*
- *Poluição atmosférica, que leva a efeitos danosos à pele, mãos, olhos, garganta e aparelho respiratório.*
- *Contaminação de alimentos por resíduos tóxicos e químicos, extremamente perigosos porque não imprimem gosto acentuado aos alimentos; os aditivos químicos, inclusive, dão aparência e sabor agradáveis, o que torna seu uso mais perverso ainda.*
- *Destruição da natureza – florestas e plataformas continentais – destroem a biodiversidade, responsável pelo bom funcionamento dos processos vitais e pela saúde dos ecossistemas.*[32]

---

[31] CAPRA, *O Tao da física*, 1985.
[32] SOFIATTI, A., op. cit., p. 41-4.

Como se atribuiu a crise ambiental à busca do desenvolvimento e do progresso, à globalização e à alta tecnologia, é necessário esclarecer alguns pontos; como afirmam os defensores da globalização, de fato, esta não é a primeira crise ambiental. Desde a formação do planeta, inúmeras crises sobrevieram, muitas das quais alteraram sensivelmente o ambiente da Terra, provocando, muitas vezes, a destruição de espécies animais e vegetais, que não mais encontravam condições de sobrevivência. Em geral, os responsáveis por essas crises eram grandes cataclismas, provocados por causas naturais, tais como erupções vulcânicas, abalos sísmicos, choques de meteoros, tormentas, ou inundações. Um bom exemplo é o dilúvio, relatado não apenas na Bíblia Universal, mas também em numerosas mitologias. Decorrência de uma crise ambiental dessa natureza é o desaparecimento dos dinossauros e outros grandes animais pré-históricos.

Outro tipo de crise ambiental é a provocada pelo homem. Esta crise caracteriza-se por ser localizada e restrita ao raio de alcance dessas ações. As queimadas, a poluição de lagos e rios, o desmatamento são alguns exemplos desse tipo de crise.

Ao contrário das crises citadas, a atual tem duas características, que a tornam extremamente preocupante: *a)* não decorre de atos da natureza, mas é provocada pela ação do homem; *b)* deixou de ser restrita a determinados locais, como as crises anteriores, passando a ter caráter planetário, o que a transforma em uma grande crise, cujas exatas proporções ainda não é possível determinar, mas cuja extensão e expansão nos levam a conjeturar se ainda seria possível, ou não, detê-la.

Fazer conjeturas a respeito da destruição da espécie humana ou do planeta pode resvalar facilmente para o chamado "catastrofismo". Muitos cientistas são céticos a esse respeito, como o ecólogo James Lovelock, criador da hipótese Gaia*, que argumenta:

> *Parece bastante improvável que qualquer coisa que façamos possa ameaçar Gaia. Mas, se conseguirmos alterar o ambiente de forma sensível como pode acontecer no caso da concentração de dióxido de carbono na atmosfera – então uma nova adaptação pode se processar. E, provavelmente, não será em nosso benefício.*[33]

Isso quer dizer que, na opinião de Lovelock e de outros cientistas, os atos praticados pelos homens contra a natureza não destruirão o planeta,

---

[33] LOVELOCK, Gaia - um modelo para a dinâmica planetária e celular. In: THOMPSON, 2001, p.88.

mas poderão provocar reações das quais não se conhece o tamanho e o limite. Como sucedeu anteriormente, na época pré-histórica, em que grandes mudanças ambientais determinaram a extinção de vegetais e animais, a crise atual poderá provocar esse tipo de destruição, da qual, talvez, o homem não escape.

Para saber lidar com essa problemática, é preciso aprender atitudes novas e adotar novos hábitos, condizentes com os princípios da ecologia. Outro ponto a considerar é que qualquer mudança não se dá unicamente por decisões governamentais ou legais. O importante é que a sociedade abrace a questão e modifique seus hábitos, contribuindo para sua solução. Essas questões precisam ser discutidas para que os princípios da ecologia sejam compreendidos e adotados por todos os segmentos da população.

Princípios da ecologia

A ecologia estuda o meio, suas características, os seres que o habitam, e o modo pelo qual se dá a relação homem/meio ambiente. Há muitas formas diferentes de estudar o assunto, dependendo do ponto de vista adotado, mas não é difícil compreender que áreas como a física, a biologia e a geologia dão fortes subsídios a esse estudo. No entanto, há outros aspectos dessa relação que pertencem ao campo das ciências humanas; são os aspectos econômicos, sociais, políticos, culturais e educativos, que, também, comparecem à discussão, trazendo importantes reflexões a respeito da relação entre seres vivos e meio ambiente.

Com um campo de estudos tão amplo, é preciso fazer um recorte e, neste aspecto, tomamos como referência as idéias de Fritzjof Capra, grande teórico da temática ecológica. Capra tem vários livros editados no Brasil, tais como *O ponto de mutação, O Tao da física, A teia da vida, As conexões ocultas*.[34-35] Neste último, ele enfatiza os perigos do modelo civilizatório adotado no mundo ocidental e mostra alternativas, que podem auxiliar o homem a transformar profundamente esse modelo, abrindo caminho para o desenvolvimento sustentável.

A ecologia, segundo Capra, obedece a seis princípios, diretamente ligados à idéia de sustentabilidade. São eles: redes, ciclos, energia solar, alianças, diversidade e equilíbrio dinâmico.

---

[34] CAPRA, *O ponto de mutação*, 1986; *O Tão da física*, 1985; *A teia da vida*, 1986; *As conexões ocultas*, 2002.
[35] CAPRA, 2002, p.217-66.

Redes

Na natureza, os sistemas vivos alojam-se dentro de outros, formando redes dentro de redes, em que os limites entre uns e outros não os separam rigidamente, mas reconhecem identidades e estabelecem comunicação e partilha, provocando, com freqüência, a transposição desse limites, que não são rígidos, mas flexíveis e adaptáveis.

Ciclos

Os organismos vivos alimentam-se de matéria e energia e produzem resíduos. Num ecossistema, entretanto, quando considerado em sua totalidade, não há resíduos, pois o dejeto de uma espécie é alimento de outra, fazendo com que a matéria circule continuamente.

Energia solar

Os ciclos ecológicos são movimentados pela energia solar, que se transforma em energia química pela fotossíntese. Por essa razão, o sol é o grande responsável pela vida do planeta.

Alianças

As trocas de energia e de recursos materiais dentro do ecossistema são efetuadas mediante cooperação generalizada. Capra destaca que a vida tomou conta do planeta não pela violência, mas pela organização, tanto na forma de produtos culturais, quanto nas parcerias em rede.

Diversidade

Os ecossistemas tornam-se estáveis e desenvolvem capacidade de recuperação dos eventuais desequilíbrios sofridos, por meio da riqueza e complexidade de suas redes (as chamadas teias ecológicas, ou teias da vida). Desse modo, quanto maior a biodiversidade, maior sua resistência e capacidade de recuperação.

Equilíbrio dinâmico

Os ecossistemas caracterizam-se por serem flexíveis e se manterem em permanente flutuação, conseqüência de múltiplos elos de realimentação, que os mantêm em equilíbrio dinâmico. É essa flexibilidade que assegura a integridade do ecossistema, pois permite reequilíbrio, reorganização e trocas entre os sistemas, ao mesmo tempo, enriquecendo-os e aperfeiçoando.[36]

---

[36] CAPRA, 2002, p. 239.

De acordo com o mesmo autor, esse modelo pode ser transposto às sociedades humanas cujas formas de ação, presentemente, estão entrando em colapso, por estarem inseridas em sistemas rígidos e dificilmente adaptáveis às condições que se apresentam.

Buscando soluções

Para o autor que estamos estudando, o atual modelo de desenvolvimento e de progresso afastou-se profundamente do encontrado nos processos da natureza. Ele é linear e unidirecional, enquanto a natureza e os ecossistemas têm caráter circular. O primeiro se caracteriza como altamente espoliativo e danoso à vida, pois os recursos tomados da natureza não retornam e nem revertem em seu favor. Nele, os dejetos não são recuperáveis, sendo descartados. No modelo cíclico, ao contrário, há um movimento de retro-alimentação e reaproveitamento de dejetos, que garante a perenidade do modelo.

No momento atual, no início do século XXI, as ações humanas caracterizam-se pela extração indiscriminada de recursos da Terra, considerados essenciais à construção da civilização; esses recursos não são reaproveitados após sua utilização e não retornam a Terra, transformando-se em lixo não-reciclável. Esse é um fato amplamente lembrado pelos ambientalistas que, muitas vezes, lançam alertas a respeito do exaurimento dos recursos do planeta, em virtude de práticas não responsáveis de extração de recursos e degradação do meio ambiente. Para Capra, esse é um modelo perverso, que é preciso abandonar, pois dentro dele, o homem extrai recursos do meio ambiente, mas não cuida de sua reposição.

O modelo alternativo, considerado por Capra o único capaz de superar a crise ambiental detectada, baseia-se no mesmo modelo existente na natureza, denominado pelo autor "teia da vida". Sua principal característica é se organizar em forma de rede, na qual os sistemas vivos funcionam como redes dentro de outras. Nesse modelo, o resíduo (dejeto) de um sistema é alimento do outro; portanto, não se produz lixo e não se exaure a Terra, pois tudo é reaproveitado.

Os sistemas vivos, diz Capra, "são redes autogeradoras, fechadas dentro de certos limites no que diz respeito à sua organização, mas permeáveis a um fluxo contínuo de energias e matérias".[37] Esse sistema, segundo o autor,

---

[37] CAPRA, 2002, p.238.

é o ideal para a transposição dos princípios básicos da ecologia a toda atividade humana, pois tornam possível a organização de comunidades sustentáveis. O que Capra quer, portanto, é que as antropossociedades se organizem num modelo inspirado na natureza, segundo ele, a única maneira de se superar a crise ambiental e criar condições saudáveis de vida na Terra.

Se examinarmos de que modo as culturas ancestrais e as sociedades orais se organizavam (e ainda se organizam), veremos que era (é) adotado um sistema bastante semelhante ao modelo citado, de caráter sistêmico, integrador do homem ao meio ambiente. Deitando um olhar à história, veremos que, embora muitos agrupamentos humanos já se mostrassem extremamente ávidos em relação à ocupação da terra e à utilização imoderada de seus recursos, só a partir do século XVII, com o advento da chamada Idade Moderna, é que o modelo oposto, de caráter linear, se impôs e preponderou sobre o anterior.

No modelo linear não há trocas, nem atitudes cooperativas; dejeto é dejeto e alimento é alimento; não se leva em conta o reaproveitamento de materiais. A extração de recursos da terra é extremamente ligada ao capital e às leis de mercado, não se prevendo retorno ou reposição; desse modo, a tendência cada vez maior é a degradação ambiental. É assim que vivemos hoje, e todos os dias os veículos de comunicação trazem notícias acerca da crise ambiental: escassez de madeira, escassez de água, desmatamento, explosão demográfica, enchentes, fome, desemprego, volta de doenças há muito erradicadas, eclosão de epidemias, acúmulo de lixo, apenas para citar alguns dos problemas mais comuns.

Uma reversão dessa situação passaria, de acordo com Capra, pela adoção dos mesmos princípios ecológicos já nomeados, o que possibilitaria a construção, nas sociedades humanas, de um modelo organizativo flexível, construído em forma de redes dentro de redes, no qual se priorizaria o compartilhamento de recursos, o trabalho em equipe, e a substituição da competição pela colaboração.[38]

Em 1995, iniciou-se um movimento a partir de nove comunidades pertencentes a cinco países – Austrália, Dinamarca, Escócia, Estados Unidos e Índia - que, reunidas, criaram um conceito de vida comunitária auto sustentável em lugares especiais denominados "ecovilas", e que se constituía

---

[38] CAPRA, 2002, p.239-40.

numa resposta às questões levantadas e aos documentos elaborados em conferências mundiais a respeito do meio ambiente.[39] Hoje, são 15 mil comunidades desse tipo em todo mundo, das quais 30 localizadas no Brasil[40].

---

[39] No Brasil, em especial, o documento conhecido como Agenda 21, elaborado na Eco 92, no Rio de Janeiro.
[40] Dados colhidos na reportagem "Ecovilas dão exemplo de não-agressão à natureza". Jornal O Estado de São Paulo, 27/06/04, p. A14.

Capítulo III
Ambiente Sonoro e Ecologia Acústica: Paisagens Sonoras

Neste capítulo, será dada atenção especial ao som ambiental, sua problemática e ligação com a ecologia. A ecologia, em especial no formato da educação ambiental, desde o final da década de 1970 tem garantido um espaço na sociedade, em suas diferentes manifestações, que vão da inserção na mídia – embora ainda bastante acanhada – aos programas dos Ministérios e Secretarias Estaduais e Municipais de Meio Ambiente e, mais recentemente, da Educação e da Saúde. No entanto, o som ambiental e as questões que o cercam têm, ainda, pouco espaço de divulgação. Em alguns países desenvolvidos, existe uma certa preocupação a esse respeito, mas nos países em desenvolvimento, entre os quais o Brasil, a questão é praticamente inexistente.

Entre os Documentos de Educação Ambiental divulgados no *site* do MEC não existe nenhum dedicado especificamente ao som ambiental, à poluição sonora e a questões afins, e, mesmo nos PCNs, embora mencionada, a questão é pouco trabalhada. Algumas Secretarias de Meio Ambiente estaduais e municipais mantêm programas de controle do ruído ambiental, mas a maneira como a questão é colocada é negativa, pois se limita ao controle dos níveis e coibição do ruído (medidos em decibéis) em áreas residenciais ou nas cercanias de hospitais, e ao controle dos níveis de ruído de aparelhos eletrodomésticos. E, mesmo quanto a esse quesito, é muito difícil conseguir-se atuação efetiva, pois a própria lei não oferece mecanismos suficientes para que se possa agir, quando as normas são infringidas.

Em 1998, a Secretaria Municipal do Meio Ambiente da cidade do Rio de Janeiro fez uma publicação dirigida à população da cidade, fartamente distribuída às associações de bairro e escolas públicas municipais.[41] Essa publicação superava a idéia comumente aceita de pura e simples restrição ao ruído e mostrava à população as características sonoras da cidade, de que modo se escuta, quais os sons que beneficiam ou prejudicam a saúde, maneiras de evitar a exposição descontrolada ao ruído e outras informações do gênero.

O que se constata é que, dentro do perímetro urbano, especialmente nas cidades grandes, a população é submetida a índices de ruído cada vez mais intensos, constituindo-se a poluição sonora uma das principais fontes de conflito da vida moderna.

---

[41] Rio de Janeiro. *Escuta:* a paisagem sonora da cidade, autores: El Haouli, Fonterrada e Taborda.

A exposição ao ruído excessivo é responsável por sérios transtornos na vida da população em geral, afetando a saúde pública, e tem sido apontada como uma das importantes causas de conflitos e desajustes sociais e pessoais.

Como a ecologia geral, o enfoque da ecologia acústica, também conhecida como ecologia sonora, é interdisciplinar. São muitas as áreas do conhecimento que podem contribuir para seu estudo, permitindo que ela seja compreendida sob vários ângulos.

O homem e o ambiente sonoro

O que é preciso enfatizar em relação ao ruído é que é impossível nos afastarmos dele; cada pessoa é o centro do seu ambiente sonoro, num círculo cujo diâmetro é o limite da escuta. Permanentemente, quer tenhamos consciência disso ou não, os sons produzidos nesse âmbito de escuta nos afetam, positiva ou negativamente. Ao contrário dos olhos, cujas pálpebras protegem o indivíduo daquilo que não quer ver, os ouvidos não dispõem de tal aparato, permanecendo abertos aos sons do mundo.

A única maneira de que dispomos para deixar de ouvir o som à nossa volta é utilizar o que R. Murray Schafer denomina "pálpebras auditivas psicológicas", mediante o artifício de fechar-se aos sons, isto é, bloquear psicologicamente sua entrada em nossa mente. No entanto, ao fazer isso, é impossível ao indivíduo selecionar os sons desejados dos indesejados, de modo que as tais "pálpebras psicológicas" bloqueiam a atenção para todos os sons do ambiente, sem discriminação. Em outras palavras, para se livrar dos sons agressivos e que causam desprazer, o indivíduo priva-se, também, dos sons que gostaria de escutar. Desaprende de ouvir.

Essa é uma discussão crucial, que não deve ser protelada. Até pouco tempo atrás, as tentativas de coibir ou, ao menos, diminuir o som ambiental baseavam-se exclusivamente em leis restritivas. As sociedades controlavam, com maior ou menor rigor, os horários permitidos para se fazerem ruídos e o seu nível de intensidade, que pode ser controlado por um aparelho chamado decibelímetro*, que aponta os decibéis de determinado evento sonoro.

Outra questão é o quanto a exposição ao ruído ambiental pode afetar a saúde; é importante a conscientização da sociedade acerca dos males advindos da exposição imoderada ao ruído. Disso decorrem algumas medidas de proteção aos trabalhadores como, por exemplo, a obrigatoriedade de operários que operam máquinas ruidosas utilizarem protetores auditivos.

Estudos apontam os limites de tolerância do ouvido humano, tanto no que se refere ao sossego público, o que tem a ver com a qualidade de vida, quanto à instalação de doenças, muitas vezes irreversíveis, como a perda auditiva por exposição a ruídos de demasiada intensidade. Nesse caso, as orientações da área da saúde imbricam-se às soluções legais. Em suma, médicos e advogados decidem o que deve ou não ser tolerado, em termos de ruído.

No entanto, mesmo nesse âmbito, restrito a questões de saúde e legislação, as orientações e restrições são apenas as mais óbvias, deixando-se de lado o estudo de outras questões, tão ou mais comprometedoras à saúde do indivíduo do que as anteriormente mostradas. Nas escolas, o ruído ambiental é tão grande que, com freqüência, as crianças queixam-se de dores de cabeça. Além disso, manifestam dificuldades de concentração e memória, como pesquisa realizada na cidade de São Paulo em uma escola pública já demonstrou.[42]

Quando nos referimos a sons fortes e fracos, estamos lidando com a intensidade do som, que é medida em decibéis (dBs). O ouvido humano pode perceber intensidades numa escala que vai de 0 dB a 130 dBs (limiar da dor). Abaixo, alguns exemplos de níveis sonoros, em decibéis:

- Decolagem de avião a jato	130 dBs
- Britadeira	120 dBs
- Show de rock (alto-falantes próximos)	110 dBs
- Metrô (dentro do vagão)	095 dBs
- Aspirador de pós	080 dBs
- Canto (forte)	075 dBs
- Conversa	060 dBs
- Casa (silenciosa)	040 dBs
- Sussurro (leve)	030 dBs
- Farfalhar de folhas	020 dBs[43]

Outra questão é a dos infrassons e ultrassons, isto é, aqueles sons que se situam acima ou abaixo do âmbito da audição humana. Aparentemente, eles não nos incomodam, pois não podemos ouvi-los. No entanto, estudos

---

[42] Dados de pesquisa do Projeto "Música na Escola", aplicado à EE. "Seminário Nossa Senhora da Glória", Ipiranga, São Paulo, pelo Instituto de Artes da UNESP, com apoio da FAPESP.
[43] Dados colhidos em RIO DE JANEIRO, *Escuta: a paisagem sonora da cidade*. Rio: Secretaria Municipal do Meio Ambiente, quadro adaptado de uma lista criada pelo cientista britânico James Jeans (MENUHIN & DAVIS, 1990, p. 19-20).

científicos demonstram os danos que podem causar ao homem, mesmo que não escutados.

> O homem é capaz de ouvir sons dentro de um espectro que vai aproximadamente de 20 a 20.000 vibrações por segundo. Um som com baixo número de vibrações é muito grave; um apito de navio, o som das rodas dos carros numa rua, durante a madrugada. Os sons com alto número de vibrações são agudos: o canto dos passarinhos, o motor de alta rotação do dentista. Pense em exemplos que você conhece para sons agudos e graves. Os sons que não alcançam ou ultrapassam esse âmbito, não são ouvidos pelo homem. Infrassons são vibrações sonoras situadas abaixo da escala de audibilidade (isto é, inferiores a 20 vibrações por segundo). Ultrassons são vibrações sonoras situadas acima da escala de audibilidade (isto é, superiores a 20.000 vibrações por segundo).

Os sons ambientais exercem inegável influência sobre o homem e essas influências precisam ser compreendidas dentro de um âmbito mais amplo do que questões médicas e legais. Elas devem ser vistas em seus aspectos políticos, econômicos, educacionais, culturais, sociais e artísticos. A questão é complexa e só pode ser convenientemente abordada num enfoque interdisciplinar.

O som ambiental no decorrer do tempo

Para proceder ao estudo do som e da música em diferentes épocas, utilizaremos a mesma classificação de Soffiati, apresentada no capítulo anterior, considerando as sociedades arcaicas, as civilizadas não-ocidentais e as ocidentais. Desse modo, poderemos comparar o que ocorre no âmbito específico do som, com o que se discutiu a respeito da ecologia e da educação ambiental.

Registra-se, na evolução da vida na Terra, a presença humana desde a era glacial. Esse período é conhecido como paleolítico* e quase não dispomos de informações a respeito dele, a não ser no final do período.

O próximo período, chamado pós-glacial, está localizado a partir de 10.000 a.C. e é conhecido como neolítico*, que dura até, aproximadamente, o ano 4.000 a.C. Dele, já dispomos de um pouco mais de informações do que do período anterior, embora estas ainda sejam incipientes. É apenas ao redor do ano 3.000 a.C. que têm início as chamadas civilizações avançadas ou, na classificação de Sofiatti, as antropossociedades não-ocidentais (da Mesopotâmia, Índia, China e do Egito) e as que primeiro influenciaram a construção das civilizações ocidentais (greco-romana, palestina, hebraica). A partir daí, aumentam os documentos e os achados a respeito dessas civilizações e de sua cultura e arte, chegando até a atualidade. No entanto nada sabemos a respeito de como soava e nem conhecemos o ambiente sonoro em que esses povos viviam, ou por onde passavam, embora tenhamos conseguido inferir alguns dados referentes à música que se praticava nessas civilizações, a partir de indícios encontrados. Não sabemos como soava o vento, a mata, os animais que lá habitavam. Não sabemos o que ocorria nos espaços de adoração dos deuses, nem nos palácios dos reis, e nem como soavam seus cantos e danças.

Antropossociedades arcaicas

Como ocorre com outros aspectos da vida do homem das sociedades arcaicas, no que se refere ao seu relacionamento com a música, também dispomos de pouquíssimas informações, a não ser o que foi descoberto nas escavações arqueológicas. Além das evidências materiais, pelo estudo de antigos mitos que sobreviveram graças à transmissão oral, é possível saber que a música era considerada de origem divina, estando ligada aos cultos de louvação aos deuses e profundamente integrada às mais diversas situações de vida e do cotidiano dos povos, tais como as colheitas, festividades, cerimônias de casamento, nascimento e morte e celebrações de datas importantes do ano. As pesquisas arqueológicas e os desenhos encontrados em pinturas rupestres resgataram alguns instrumentos musicais ou fragmentos, mas é impossível saber como soava a música praticada, que se perdeu.

Registram-se instrumentos musicais encontrados desde o final do período paleolítico, ainda na era glacial, há mais de 10.000 anos a.C. Esses instrumentos, considerados os mais antigos, são flautas de um só orifício, feitas de ossos de patas de animais. Um pouco mais tarde, surgem flautas com três e cinco orifícios, também construídas com ossos de animais.

Do período neolítico, descobrem-se tambores feitos de argila, aos quais, provavelmente, se prendiam membranas (peles de animais), e pequenos chocalhos, também de argila, em forma de animais. Da idade do bronze, que ocorreu aproximadamente no período entre 2000 e 1000 a.C., provêem os primeiros instrumentos feitos de chifre de animais, além de outros, confeccionados em metal, à semelhança dos primeiros. Esses instrumentos são bastante comuns na região do Norte da Europa, hoje conhecida como Escandinávia e já demonstram elaboração musical por parte dos homens daquele período, pois se apresentam em pares ou grupos de três, e soam em diferentes alturas. Além desses, há outros instrumentos de metal, semelhantes a trombetas, e lâminas metálicas para serem percutidas.[44]

As sociedades orais contemporâneas (povos indígenas, tribos africanas, aborígines da Austrália e da Nova Guiné) são semelhantes às sociedades arcaicas, caracterizando-se sua música pela ligação com as divindades - com as funções de pedir, agradecer ou louvar aos deuses – e presença da música na vida cotidiana, fazendo parte de cada ritual ou atividade da comunidade. Os instrumentos que utilizam são, em geral, flautas e percussão, embora um estudo aprofundado possa encontrar peculiaridades na organização musical e nos tipos de instrumento, em cada grupo estudado.

De um modo geral, a música desses povos mostra grande integração com a natureza, demonstrando que eles escutam o ambiente sonoro e são influenciados por eles. Alguns pesquisadores desses povos têm realizado gravações de suas músicas, que atestam tal integração. Um bom exemplo é o trabalho do etnomusicólogo e lingüista norte-americano Steven Feld, que pesquisa um grupo aborígine da Nova Guiné e demonstra, em vários CDs,[45] o diálogo mimético entre as pessoas da tribo e a natureza, demonstrando sonoramente o que se disse aqui, de que os homens das sociedades arcaicas não estavam separados da natureza, mas perfeitamente integrados a ela.

Antropossociedades civilizadas não-ocidentais

Nas antropossociedades não-ocidentais, cujo início é marcado na região da Mesopotâmia em um período posterior aos grandes cataclismas conhecidos como o dilúvio universal (relatado na Bíblia e na Epopéia de Gilgamesh) a música está diretamente ligada ao culto religioso, somente passando a ser considerada expressão estética, posteriormente. Como nas antigas sociedades, além da expressão religiosa, há, também, os cantos cotidianos que acompanham as tarefas diárias, o lazer, as celebrações sazonais, e os cantos e instrumentos que incitam a guerra.

---

[44] ATLAS DE MUSICA, 1,1982, p.159.
[45] FELD, Voices of Nature (CD), 2001.

Também como as sociedades do grupo anterior, muitos de seus instrumentos e atitudes referentes à música são encontrados em escavações e pinturas. Algumas dessas civilizações sofriam a influência de outros povos e, em contrapartida, também os influenciavam. Disso resulta um trânsito maior de instrumentos, de uma para outra região. Povos da Mesopotâmia intercambiam influências com acádios e sumérios, assírios e babilônios, povos que lá se estabeleceram, e estendiam essa influência a outros povos, do Norte e do Oriente, chegando até a Índia.

Há, porém, outra fonte de informação, não existente em épocas anteriores; alguns desses povos já haviam desenvolvido um sistema de escrita e deixaram documentos preciosos, que servem de testemunho da vida musical praticada, dos instrumentos utilizados e do modo pelo qual sua música era estruturada. Muito do que se sabe da antiga música hebraica, por exemplo, provém exclusivamente de interpretações da Bíblia, pois ela não era notada (escrita); outros povos, porém, como os egípcios, têm sistemas musicais organizados e registrados, permitindo que se conheçam suas estruturas melódicas e rítmicas, técnicas e simbolismo. Na Índia, China, e países árabes, os livros sagrados e documentos preservados contam muito dos tipos de instrumentos, da sua utilização na sociedade, de seu simbolismo, atestando a ligação do homem com o meio ambiente e o Cosmos, e, ao mesmo tempo, da estreita ligação entre a música, a geometria e a matemática. É esse, também, o caso dos sumérios, que desapareceram, mas também dos dervixes da Arábia, cuja música e movimentos de dança imitam a órbita dos planetas, tradição ainda hoje preservada[46].

Do mesmo modo que muitas dessas civilizações se caracterizaram pelas obras grandiosas realizadas e pelo alto índice de intervenção na natureza - muitas delas existentes ainda hoje, como as pirâmides do Egito, os importantes templos e palácios e estátuas colossais - a fabricação de instrumentos demonstra o mesmo grau de inventividade e interferência na natureza, pois eles são feitos com materiais acessíveis àquelas culturas: ossos, pedras, madeira, chifres de animais, metais.

Com esses materiais, esses povos constroem os mais variados tipos de instrumentos de corda, sopro e percussão. Pelo modo de construção, pode-se deduzir o tipo de organização sonora da música e, nas pinturas e relatos,

---

[46] Há bons exemplos de música de povos orientais possíveis de serem encontradas em lojas de disco especializadas. Também é possível encontrar boas indicações na internet. Entre em um programa de busca.

conhecer sua aparência, características e modos de organização, em solos e grupos vocais e instrumentais. Algumas vezes, a música estava relacionada ao Cosmos e às leis da matemática. No entanto, em que pese a importância dessas informações, a mais significativa de todas está irremediavelmente velada, pois não há como saber de que modo a música desses povos soava, a não ser no caso das civilizações que perduram até a época atual, cultivando e mantendo suas tradições, como é o caso da China, da Índia e do povo judeu, que, com a preocupação em preservar o passado, permitiram que sua música vencesse a barreira do tempo e chegasse até nós.

Figura 7
Pintura em ânfora grega ilustra sátiros esmagando uvas ao som do aulos

Antropossociedades ocidentais

O modo pelo qual as antropossociedades ocidentais foram construídas, como resultado da fusão de diversos povos, permite que o intercâmbio de conhecimento e o trânsito de instrumentos musicais se façam intensamente. Essa é a razão de muitos dos instrumentos presentes na cultura ocidental terem origem oriental, como é o caso do alaúde, da lira e de alguns sopros.

Aos poucos, em virtude da marcha civilizatória e pelo fortalecimento do cristianismo, que originaram a construção de grandes templos, constitui-se outro modo de viver em sociedade, desviando-se, aos poucos, o poder dos deuses para os homens (clero, aristocracia); desse modo, as civilizações ocidentais foram deitando raízes e se constituindo de maneira peculiar, que as afastava das grandes civilizações orientais que as precederam.

No século XVI, há uma importante transformação: o homem se coloca no centro do universo, substituindo a Deus, que ocupava, anteriormente, esse lugar; o teocentrismo* é substituído pelo antropocentrismo*, isto é, a sociedade se transforma de teológica em humanista. A música também sofre transformações e assimila o desejo da época por medida e proporção; é a Renascença, com suas múltiplas vozes, em que se atinge o período áureo da polifonia*.

Nos próximos dois séculos, outra grande mudança ocorre; o interesse apenas anunciado no período anterior pelos sons simultâneos se reafirma, tornando-se harmonia; isso faz surgir duas novas modalidades, a melodia acompanhada* e a ópera*.

O grande interesse pela ciência traz à música um forte componente de rigor e controle, que se reflete numa técnica de escrita muito elaborada, como pode ser ouvido nas obras de Vivaldi, Bach e seus contemporâneos.

É ainda o interesse científico que permite o aperfeiçoamento dos instrumentos musicais, graças a apuradas técnicas de fabricação e ao melhor controle da afinação. A conseqüência disso é o desenvolvimento, no período, da música instrumental, que daí para frente vai se firmar mais e mais.

Um pouco mais tarde, é a forma musical* que merece a atenção dos compositores do período clássico, e se firma, com as sonatas, concertos, quartetos e sinfonias. Você deve ter ouvido falar em compositores desse período, entre os quais podemos citar Haydn e Mozart.

O Romantismo, no século XIX, está interessado no indivíduo e em suas emoções. O mundo romântico localiza-se na imaginação e no sonho, mais do que na realidade; tudo é grande, transborda, e a musica reflete essa característica, produzindo grandes intérpretes, grandes compositores, grandes orquestras. É a era do gênio e do talento desmesurado. Mas, para dar conta dessa grandeza, a técnica necessita ser cada vez mais apurada, então, deve-se à época um acentuado desenvolvimento da composição musical e da performance.

- Você já ouviu falar em Bach e Vivaldi? Já escutou sua música?
- E a de Haydn ou Mozart?
- E quanto a Chopin, Schumann, Brahms, Wagner? Já teve oportunidade de ouvi-las?
- Já assistiu a uma ópera? O que achou dela?

Depois desse período individualista, chegamos ao século XX, com suas máquinas, guerras, novos armamentos, fábricas e indústrias, em que o interesse pelo indivíduo, por causa das novas condições sociais, cede lugar às preocupações com o coletivo; é a era das massas.

Com a sociedade industrial, os ruídos do mundo se intensificam e são assimilados pela música. Já não existe uma divisão clara entre som e ruído; a música do novo século assimilou os ruídos e os integrou aos até então chamados "sons musicais".

As novas tecnologias dão à música possibilidades insuspeitadas, virando de ponta cabeça tudo que, até então, se fizera. Começam, a partir da metade do século, os experimentos com fita magnética (música concreta) e geradores de som (música eletrônica). Entre os compositores pesquisadores, não se pode deixar de citar Pierre Schaeffer, para a primeira e Stockhausen, para a segunda.

Outras estéticas, também, se apresentam, tomando rumo contrário e afastando-se da ciência e da lógica, para explorar o inconsciente, o acaso e a livre experimentação; um dos maiores nomes dessa linha é o americano John Cage, com forte influência oriental.

Pensando nos limites

A questão de limites é um ponto que merece destaque, pois estamos discutindo de que modo o meio ambiente e o processo civilizatório exercem influência no ambiente sonoro e na organização musical de cada período. Embora, em geral, os livros de história coloquem como marco divisório entre as antigas civilizações e a civilização ocidental o cristianismo, pode-se chegar a uma interessante constatação, a partir da proposta de classificação de Soffiati. Esse autor, por estar tratando especificamente da relação homem/meio ambiente, coloca a linha divisória entre os dois períodos não no início da era cristã, mas na época em que se inicia a migração para o Ocidente, cujo ápice se encontra no Renascimento.

No entanto, a mudança de um para outro período se dá gradativamente e pode-se notar momentos em que procedimentos de um e outro estão presentes, influenciando-se mutuamente. Na Idade Média, Deus está no centro de todas as coisas e, inicialmente, o canto utilizado para louvá-lo é transmitido, de geração em geração, por tradição oral. Esse modo de proceder é semelhante ao das civilizações não-ocidentais. A princípio é um canto monódico - isto é, a uma só voz - e litúrgico, quer dizer, necessariamente ligado a uma função religiosa.

No final do século VI, quando o papa Gregório Magno resolve unificar o canto cristão, chamado canto gregoriano*, é que se inicia um lento processo de notação musical*, que se desenvolve no correr do tempo, permitindo o desenvolvimento dos processos composicionais que, mais tarde, atingem alto nível técnico.

Examinando a música desse período, destacam-se dois pontos importantes:

a) a inegável importância do cristianismo para a organização musical, principalmente pelo surgimento e desenvolvimento de modelos específicos, como o canto gregoriano e a polifonia, considerada, mais tarde, um dos pontos fortes da música ocidental;
b) a aproximação da música do período à das grandes civilizações orientais; essa proximidade não se constata no estilo adotado, embora possam ser detectadas nítidas influências gregas e hebraicas, mas refere-se, especificamente, à função da música na sociedade e ao modo como se liga ao meio ambiente. Sob esse aspecto, a música medieval está mais próxima da música do período anterior, isto é, das grandes civilizações não-ocidentais, do que da desenvolvida a partir da Renascença.

É este segundo ponto que nos interessa neste momento; durante a Idade Média, a música é utilizada como instrumento de culto, sendo sua principal função o louvor a Deus. Isso é muito claro no exame da produção musical de cunho religioso que chegou até nós, graças à criação e aperfeiçoamento de um sistema de notação pela Igreja, que garantia a execução musical homogênea e dentro dos cânones adotados por ela, mesmo em abadias distantes umas das outras, ou separadas no tempo.

O pensamento grego influenciava a elaboração das teorias e sistemas musicais, altamente especulativos, e organizados segundo os modelo de pensamento de Platão e Pitágoras que, por sua vez, herdaram seu conhecimento das escolas de mistérios* orientais, o que se evidencia, principalmente, nas fortes relações entre música, cosmos e matemática. Os grandes teóricos do início da Idade Média – Santo Agostinho (séc. IV) e Boetius (séc. XI) - ainda se apóiam nitidamente no pensamento grego.

A música profana do período, embora tenha, em grande parte, se perdido, pois seus praticantes não utilizavam processos de notação musical, deixam entrever, nos exemplos que sobreviveram, a forte ligação com festivais sazonais e cíclicos – festas de primavera, celebração de colheita, iniciação de adolescentes e outros -, típicos das civilizações pré-cristãs, que se apresentam assumidamente ligados ao paganismo, ou vestidos em roupagens cristãs, dando testemunho de milagres ocorridos pela intervenção da Virgem ou de santos populares. Em ambos os casos, cantam fatos da vida, cenas do cotidiano, amores, prazeres e dores; o ambiente em que se desenvolve a temática musical claramente influencia o texto.

Também como as culturas anteriores, os instrumentos utilizados são confeccionados a partir de materiais locais, mas viajam por diferentes regiões, como resultado do deslocamento das pessoas para outras cidades e sítios. A partir da Renascença é que se caracteriza, realmente, a música ocidental, afastando-se do modelo anterior. Daí para a frente, firma-se um tipo de música caracterizada pelo domínio técnico, que se desenvolve continuamente, até chegar aos procedimentos do século XX, exemplo das novas trilhas adotadas pelo pensamento ocidental.

O som e a crise ambiental

A crise ambiental presente a partir da Revolução Industrial pode ser, também, detectada no que se refere ao som. A estreita relação entre seres vivos e meio ambiente, embora sempre presente, como se viu na exposição feita até aqui, só vai ser compreendida pelo homem em meados do século XX. No entanto, no que se refere especificamente ao som ambiental, essa consciência demora ainda mais tempo.

O primeiro a se preocupar com a captação do som ambiental foi o engenheiro francês Pierre Schaeffer, que, à época, trabalhava na Rádio Difusão Francesa, e começou a registrar sons do ambiente em fita magnética. Gravou sons de tráfego, instrumentos musicais, eletrodomésticos.

A partir dessa coleta, Schaeffer desenvolveu o que chamou música concreta, que consistia na elaboração musical dos sons gravados com recursos técnicos dos laboratórios da Rádio. Na verdade, Schaeffer queria desenvolver uma teoria da escuta e, para tanto, operava com a materialidade dos sons que gravava. O que isso quer dizer? Como os sons eram gravados em fitas, Schaeffer as manipulava, cortando-as de diferentes modos – perpendicular, oblíquo — colando-as em outra ordem, ou as retrogradando, isto é, fazendo-as rodar de trás para diante. A música concreta considera o som como objeto, sendo a fita magnética a expressão dessa materialidade, por permitir fácil manipulação.

O outro compositor citado – Karlheim Stockhausen -, tem o mesmo tipo de preocupação de Pierre Schaeffer no que se refere à pesquisa sonora, mas não trabalha com fitas magnéticas, e sim com recursos eletrônicos. Os sons não são colhidos no meio ambiente, mas criados em geradores de som e tratados em computador.

A postura dos dois compositores é semelhante, pois ambos manipulam os sons que criam (caso de Stockhausen) ou captam (Pierre Schaeffer), alterando-lhes seus atributos, dando-lhe maior ou menor densidade, invertendo a direção das ondas, e utilizando outros recursos disponíveis em seus respectivos estúdios, para chegar a uma proposta artística.

A partir do trabalho desses dois compositores, desenvolve-se uma nova linha de composição musical baseada nos sons, em suas propriedades matemáticas e no conhecimento científico. A composição, no entanto, por ser uma forma de arte, submete-se, também, a outros critérios, não científicos, mas estéticos. A música criada dentro desses conceitos tem sido geralmente denominada "música de vanguarda", que mostra, em seu próprio nome, o quanto está ligada às questões da contemporaneidade, à ciência e à tecnologia, sem, no entanto, abandonar o critério artístico que, como músicos, os compositores fazem questão de valorizar. Stockhausen, ao lado do tratamento científico do som, trabalha com simbolismos e evoca antigos temas religiosos, confrontando a materialidade da época com a espiritualidade, muitas vezes perdida no decorrer dos séculos e, eternamente, reconquistada.

O século XX foi berço de inumeráveis tendências em música, umas voltadas para o novo, outras para a manutenção da tradição, umas buscando inovar em termos de forma e estrutura, outras resgatando valores passados, encontrados nas antigas civilizações. Seria impossível explicar essas tendências neste espaço.

Para terminar este segmento, portanto, vamos destacar apenas uma, tanto pelo seu interesse artístico, como por partir do lado oposto da elaboração tecnológica, buscando inspiração nas filosofias orientais, especificamente no zen budismo e substituindo a precisão dos cálculos matemáticos pelo acaso. Estamos nos referindo ao americano John Cage.

A atuação de Cage ocorre na mesma época em que alguns cientistas buscam novas formas de compreender o mundo, a partir das filosofias e religiões orientais, como confirma Capra, já citado anteriormente. Essa mudança na maneira de compreender o mundo, evidentemente, não se dá com todos os cientistas, mas, lentamente, começa a ganhar adeptos em outras áreas de atuação. A música não poderia ficar à margem desse movimento, assim, além de Cage, surgem outros músicos interessados na relação entre música e meio ambiente, encarando-a, não como ação de um grupo colocado à parte na história da Terra, como freqüentemente ocorre, mas se engajando numa luta em prol da consciência do som ambiental, sua influência na vida humana, o relacionamento entre homem e ambiente sonoro e as maneiras de se reverter o processo de poluição sonora a que estamos submetidos, desde o advento das máquinas, no século XIX, até os dias de hoje.

A afinação do mundo

A primeira pessoa a desenvolver pesquisa sistemática a respeito do som ambiental foi o canadense Murray Schafer que, com sua equipe na Universidade onde lecionava,[47] construiu um importante grupo de pesquisa, que tinha como meta medir os níveis de ruído em diferentes partes do Canadá e da Europa, além de estudar suas características, as conseqüências para a saúde e a legislação de vários países em diferentes épocas, vista como um termômetro capaz de aferir a capacidade de escuta da população, no decorrer do tempo. A partir dessa pesquisa, Schafer escreveu o livro *A afinação do mundo (The Tuning of the World)*, de 1977, com tradução em português.[48]

A partir das primeiras pesquisas de Schafer e sua equipe, na década de 1970, muitas outras se realizaram. O resultado foi reunido numa Conferência Internacional promovida no Centro de Artes de Banff, no Canadá, em 1993, que juntou pesquisadores de várias partes do mundo, que trouxeram o que havia de mais importante realizado até então, na área da ecologia acústica. Os anais desse Congresso mostram a amplitude do tema e de que modo as diferentes áreas dialogam a partir de um elemento comum: o som ambiental e sua relação com os seres vivos.

Schafer faz um rigoroso levantamento do percurso do aumento do ruído e estuda maneiras de enfrentá-lo. O estudo passa pelo exame da legislação anti-ruído em diferentes países, o que permite uma radiografia de como cada sociedade local enfrenta a questão do som ambiental.

À medida que o homem, por força da civilização e da urbanização, foi se afastando do ambiente natural e convivendo com as poderosas invenções criadas para facilitar-lhe a vida, aprendeu que as vozes dos fenômenos naturais não são expressões divinas, mas eventos plenamente explicáveis pela Ciência. A primeira conseqüência da atitude científica foi o aperfeiçoamento e cultivo de uma linguagem técnica, plenamente reconhecida nos meios científicos, que tem como característica evitar contradições e ambivalências, para poder definir com clareza e precisão cada objeto ou fenômeno estudado, inserindo-o no contexto apropriado. A linguagem ambivalente encontrada nos mitos, portanto, quando se trata de ciência, é deixada em segundo plano, muito embora, no século XX, essa atitude tenha sofrido um impacto,

---

[47] University Simon Fraser, localizada em Barnaby, um distrito de Vancouver, na Colúmbia Britânica, no Oeste do Canadá.
[48] Schafer, *A afinação do mundo*, 2001.

com as descobertas de importantes físicos como Einstein e Heisenberg, que apontam na direção oposta da certeza científica, privilegiando a relatividade, o ponto de vista do observador, a intuição e o acaso e contribuindo para fortalecer as ciências humanas em geral e os estudos da linguagem, em particular.

A respeito da linguagem, assim se expressa Alfred Baur, em seu estudo a respeito da fonética:

> *Na escola de mistérios, o aluno recebia a incumbência de permear a fala e a criação com seu eu – por assim dizer, unir as coroas entre si. Ele recebia a tarefa de substituir os nomes convencionais de alguns fenômenos por outros, novos, adequados à essência de tais fenômenos. Desse modo, o aluno desencantava a palavra que neles dormitava. Ele reconduzia inspirativamente a Criação até seus primórdios. Com seus "verdadeiros" nomes, as coisas recebiam uma consagração, pois graças a eles, a confusão de línguas [refere-se à Torre de Babel] era novamente desfeita.*[49]

Durante sua evolução, a palavra passou a ser guiada mais pelo pensamento do que pela imaginação. Mas não foi apenas a palavra que sofreu modificações no decorrer da história. Além disso, à medida que a civilização ocidental adotava como seus principais valores as idéias de desenvolvimento e progresso, pôde-se constatar o aumento cada vez maior do número de máquinas, substituindo a força de trabalho humana. Assim, a humanidade teve de aprender a conviver com um ambiente sonoro bem diferente do que aquele com o qual até então convivia: o poderoso som das máquinas industriais, que alteraram profundamente a relação entre o homem e seu ambiente, até então considerada em equilíbrio. A produção industrial trouxe com ela um novo repertório de sons que não parava de crescer e se modificar, acrescido, pouco mais tarde, de outras famílias de sons, os elétricos e eletrônicos, até chegar à situação por nós vivida neste início de século, em que os sons aumentaram de tal modo, em intensidade e quantidade, que dificilmente poder-se-ia reconhecê-los como voz da divindade, a não ser no seu aspecto poluidor, como nos lembra Young, citado no primeiro capítulo (p. 25).

---

[49] BAUR, 1992, p. 128. Alfred Baur, médico, dirigiu um instituto de terapia da fala na Áustria, criando com sua mulher o método da Quirofonética, terapia desenvolvida com base na Antroposofia de Rudolf Steiner.

Esses dois fenômenos característicos do mundo contemporâneo: o afastamento da natureza pelo homem e a proliferação de sons, com alta preponderância dos tecnológicos sobre os humanos ou ambientais, passou a produzir situações de desequilíbrio a partir do final do século XVIII, e a primeira doença registrada em livros de medicina como sendo produzida por exposição ao ruído foi a doença de caldeireiro* (*boilemaker disease*). Hoje, os ruídos ambientais se avolumam, principalmente nos grandes centros urbanos e ultrapassam o limite do tolerável. Esse desequilíbrio sonoro não é um efeito isolado, mas prende-se a uma série de outros fatores, que estão levando o homem a se distanciar cada vez mais do meio ambiente em que vive. E parece que a única defesa que tem para sobreviver nesse mar de sons indesejáveis é deixar de escutar, o que, certamente, não é uma solução desejável.

Música e ambiente

Muitas são as definições de música, das mais amplas às mais restritas. Como exemplo, destacaremos duas delas, uma, clássica e a outra, bem recente. A primeira diz: "Música é a arte de combinar os sons de maneira agradável ao ouvido". Embora clássica e por muito tempo aceita como definição importante, pesa sobre ela o fato de ser pouco precisa. Afinal, poder-se-ia perguntar, agradável ao ouvido de quem? E o que significa ser agradável? Existe consenso nessa classificação? Ou, dizendo de outro modo, será que todas as pessoas concordariam na classificação de uma música em agradável ou desagradável? A resposta só pode ser não. Isso, porque, na nossa apreciação, interferem muitos fatores, pessoais, históricos, culturais. Assim, voltamos à mesma questão discutida atrás, a do contexto, do meio e de sua influência no indivíduo. Mudam as condições histórico-culturais, mudam as condições do indivíduo, alteram-se os contextos, tornando cada vez mais difícil o compartilhamento de gostos e opiniões. Há, no entanto, hoje, uma tendência contrária, de homogeneização. A sociedade de massa cultiva comportamentos iguais, veste-se de acordo com um padrão, utiliza as mesmas expressões na fala, ouve as mesmas músicas, em geral, impostas pela indústria cultural, estabelecendo-se, assim, um paradoxo entre a multiplicidade de gostos e opiniões e a tendência ao nivelamento homogêneo.

A outra definição diz: "Música é som. O som que nos rodeia, dentro ou fora das salas de concerto" Ela é de John Cage, o compositor americano a que já nos referimos. Essa definição é ampla e irrestrita. Nela figura o elemento material da música – o som – mas ele não está isolado. O homem é essencial para que haja música, pois Cage diz: "o som que nos rodeia". Mas ele pressupõe um meio para esse som: "dentro ou fora das salas de concerto", isto é, a música é o som que está em todo lugar, em toda parte.

Pode-se dizer, então, que o estudo da música se inicia pelo estudo do som. E jamais se afasta dele. O som é a matéria-prima. O estudo do som envolve seus aspectos físicos. Som é vibração, é movimento. Ele se transmite em um meio, como o ar ou a água. Os seres vivos – humanos e não-humanos - apreendem essa vibração pelo ouvido. A escuta depende do aparato auditivo e difere entre as diferentes espécies de animais.

O cachorro ouve sons bem mais agudos do que nós. Por isso, atendem ao chamado daqueles apitos de caça, que não conseguimos ouvir. Os morcegos são cegos e orientam-se pela audição. Eles emitem um som muito agudo – ultrassom - que bate nos obstáculos e reverbera de volta. O eco e a reverberação produzidos mostram-lhes o caminho que têm de seguir.

Vemos, então, que o que ouvimos depende da anatomia e da fisiologia. Mas, depende, também, do meio. A reverberação e o eco ocorrem devido a específicas propriedades do meio, que tem o poder de modificar o som e alterar sua direção. O estudo do comportamento do som nos diferentes ambientes é feito pela Acústica.

Som, meio ambiente e pesquisa

Como já se comentou anteriormente, a pesquisa da ecologia sonora é interdisciplinar, pela quantidade de áreas do conhecimento que contribuem para seu desenvolvimento. No entanto, seria impossível delinear aqui tudo o que a área tem produzido. Portanto, apenas relataremos algumas pesquisas, importantes para estabelecer uma visão do conjunto que tem sido feito em ecologia sonora por pesquisadores de diferentes partes do mundo, estabelecendo um diálogo constante entre som, música e sua área de atuação.

Em 1993, em Banff, Alberta, no Canadá, ao lado das Montanhas Rochosas, foi realizado o I Fórum Internacional de Ecologia Acústica, que reuniu pesquisadores e artistas interessados em ecologia acústica de vários lugares do mundo. Além do propósito artístico-científico de conhecer a produção da área, o evento era, também, uma homenagem a Murray Schafer, o iniciador dos estudos sobre paisagem sonora.

Não é possível dizer tudo o que ocorreu nessa semana intensiva, a não ser que se mergulhou profundamente nos relatos de experiência, pesquisa acadêmica e performances artísticas de todos os gêneros, que tinham um ponto comum: a relação som/ambiente. Durante o Fórum, foi fundada uma entidade internacional – o Fórum Mundial de Ecologia Acústica,[50] cujo objetivo é pesquisar e documentar trabalhos de ecologia acústica.

O Fórum edita um jornal bi-anual - *Soundscape*. Por sua leitura, verifica-se que, ao contrário do Brasil, onde a pesquisa na área está apenas se iniciando, em países do hemisfério norte há uma intensa atividade. Alguns pesquisadores devem ser destacados, por fornecerem ao leitor preciosa informação a respeito de ecologia acústica e do que é possível fazer dentro dela.

Um dos exemplos é o artigo intitulado "O ambiente acústico como domínio público", do musicólogo sueco Henrik Karlsson[51] em que apresenta as barreiras que, em sua opinião, contribuem para que a ecologia acústica não caminhe tão bem quanto deveria - barreiras políticas, burocráticas, econômicas e acadêmicas. Segundo Karlsson, para superar tais barreiras, é preciso mudar do modelo tecnocrata para o antropocêntrico, ponto de vista coincidente com o defendido por ecólogos e ambientalistas, como foi discutido neste trabalho.

Outro artigo é o de John Hull, australiano, professor na Universidade de Birmigham, na Inglaterra, desde 1989. A peculiaridade de Hull é que, pelo fato de ser deficiente visual, apresenta uma percepção auditiva bastante peculiar e profunda, que nos faz seriamente duvidar da competência de nossa própria escuta: afinal, quem é deficiente, ele ou nós? Neste espaço, não se fará uma sinopse de seu artigo, mas será apresentada a nota do editor, que tem a virtude de captar o sentido profundo da escuta do autor:

É impossível representar num texto impresso a entonação da voz de John Hull, sua expressividade, os silêncios e os diferentes ritmos da fala. Seu tom de voz nos conduz, cria uma extraordinária atmosfera de escuta na sala, acrescenta outra profunda dimensão aos significados das palavras. Sua fala não é para ser impressa – ele não é o leitor de uma palestra previamente escrita. Ele é, verdadeiramente, um orador, no sentido auditivo da palavra. E fala com todo o seu ser. Desse modo, como será possível reproduzir seu espírito numa folha impressa? Impossível. De fato, o espírito de sua fala foi, em grande parte, removido, devido à trans-

---

[50] The World Forum for Acoustic Ecology - WFAE.
[51] KARLSSON, The Acoustic Environment as a Public Domain, v. 1, n.2, p.10-13, winter, 2000.

crição do texto. Mas, pode-se dizer que, até certo ponto, ele se reencarna na voz interior do leitor, enquanto lê o artigo abaixo transcrito.[52]

A última referência escolhida dessa publicação – *Soundscape* - é o da compositora canadense Hildegard Westerkamp, que esteve no Brasil em 1994, a convite do Goethe Institute e desenvolveu, em Brasília, um trabalho com compositores da cidade, fazendo-os pesquisar as principais áreas de interesse sonoro da cidade: as bandeiras hasteadas do Congresso Nacional tremulando ao vento da tarde, a condução da voz humana pelos tubos que circundam a parede da Catedral, que todos tiveram a oportunidade de experimentar, o mercado sob a torre da TV, a universidade, ou à beira do lago. A partir dessa experiência, os compositores exercitando sua imaginação, inspiraram-se para elaborar suas composições.[53]

Além dos textos de *Soundscape,* citaremos o trabalho do biólogo americano Bernie Krause, que grava paisagens sonoras naturais, em todo o mundo.[54] Ele mostra uma enorme diversidade sonora, como um concerto de sapos num lago americano (Mono Lake, Califórnia), o som de larvas de insetos aquáticos captados por hidrofones, ou o rugido de uma onça na floresta amazônica. Além do interesse pelos ruídos naturais gravados e pela excelente qualidade da gravação, o interessante é o que Krause relata a respeito de quanto o ruído urbano afeta os animais, colocando-os em situação de risco.

Os sapos gravados por Krause na Califórnia ficavam sob uma rota aérea. O ruído dos sapos, antes rico e bem estruturado, apresenta consideráveis perturbações em seu perfil, após a passagem de um jato; muitos sapos se calam, enquanto outros coaxam de modo desordenado. Krause diz que é preciso esperar cerca de 45 minutos, para que se restabeleça o modelo anterior, até que novo jato os venha novamente perturbar. No período que precede o equilíbrio, os sapos ficam expostos, pois, diferentemente de quando coaxam em seu modo típico, que tem como característica uma sonoridade difusa, que dificulta a localização dos animais, após a passagem do jato, quando se instala o desequilíbrio de sua manifestação sonora, alguns sapos podem ser facilmente localizados pelos predadores, pois o som expõe o local onde se encontram.[55]

---

[52] HULL, John. Sound: an enrichment or state. In: *Soundscape.* v. 2, n. 1, julho, 2001, p. 10-15.
[53] WESTERKAMP, *Sound excursion*, v.1, n.2, p.20-1, winter, 2000.
[54] KRAUSE, *Wild Soundscapes*, 2002.
[55] KRAUSE, op. cit., p.29-31.

No Brasil, há poucos trabalhos relacionando sons e meio ambiente. Sem pretender dar conta da produção científica desse setor, podemos citar o trabalho de Beto Bertolini, de Curitiba, que há anos vem se dedicando à pesquisa da paisagem sonora da Mata Atlântica, registrando em CDs animais e fenômenos naturais daquela região. Há pesquisas sobre cantos de pássaros (Dalgas Frisch, Jacques Veillard[56]), e insetos. No entanto, é difícil a obtenção de dados, uma vez que a divulgação é pequena, com freqüência ficando à margem do circuito comercial e mesmo dos documentos que tratam de educação ambiental. É como se a área ainda precisasse ser criada no País.

Música e meio ambiente

Concluindo a discussão, é preciso destacar a obra composicional de Murray Schafer, na qual se constata que a pesquisa do som ambiental, desenvolvido por ele desde a década de 1970 a contamina, fazendo que se mostre cada vez mais integrada ao meio ambiente, que se torna co-autor.

O ciclo *Patria* é um bom exemplo disso. Trata-se de um conjunto de 12 peças, realizadas nos mais diversos ambientes, tais como um teatro, uma feira ao ar livre, uma estação de trem, uma mina abandonada, um estacionamento vertical para carros, ou um museu. Cada um desses espaços foi utilizado como palco para uma de suas obras. As mais impressionantes são as obras escritas para serem executadas no meio da floresta ou à beira de um lago. Nelas, o ambiente é responsável por ecos e reverberações e as obras, dependendo da época, do horário e do clima, soam, a cada vez, de modo diferente.

Elas servem-se amplamente do ambiente acústico natural, não havendo amplificação de vozes ou instrumentos. O som da música funde-se aos ruídos da floresta, numa verdadeira orquestração de sons naturais e musicais. Em *A princesa das estrelas*, a trama ocorre de madrugada, antes do sol nascer, e se desenvolve de tal modo, que, quando os pássaros do drama musical surgem, ao fundo do lago, começam, também, a soar na mata os pássaros da floresta, instalando-se um impressionante contraponto entre vozes naturais, instrumentos e vozes humanas.

---

[56] Dalgas Frisch nascido em São Paulo, pesquisa cantos de aves e tem CDs gravados. Jacques Veillard, biólogo, pesquisador da UNICAMP, em Campinas, SP, dedica-se, também, ao estudo do canto das aves.

Outro exemplo é a última peça de *Patria*, que ocorre anualmente numa floresta do Canadá, com um grupo de cerca de sessenta pessoas, que acampam por dez dias à margem de lagos e preparam, durante esse período, o episódio artístico, *and Wolf Shall Inherit the Moon...* (e o Lobo herdará a lua...). Nessa obra, apresenta-se a parte final da saga da Princesa das Estrelas, contada sucessivamente em todas as obras do ciclo. A atitude do grupo segue princípios ecológicos; é auto-sustentável e depende intrinsecamente da atitude cooperativa e organizativa de seus membros. Não há qualquer hierarquia entre as diferentes modalidades de trabalho, da mais refinada e artística às mais corriqueiras, todas consideradas vitais para o projeto. Não há, também, distinção entre palco e platéia, pois todos fazem parte, simultaneamente, do elenco e do público. Assim, em sua obra, Schafer torna vivo um modo de vida centrado na atuação do grupo, que segue princípios ecológicos, com relações em rede, e tendo como princípio o reaproveitamento de materiais, a auto-sustentabilidade e a cuidadosa e quase inexistente interferência no meio.

A atuação de Schafer tem sido constante e forte o suficiente para arrebanhar adeptos em vários países do mundo, que, desde o início da década de 1990, se integram à proposta, que serve de amostragem do que pode ser feito, na integração da música com o meio ambiente. O tema recorrente em *Patria* é a saga do Lobo na Terra, durante várias encarnações, vivendo em diferentes épocas e lugares. Um poderoso exercício de imaginação artística, compartilhado por toda comunidade participante.

Capítulo IV
Mitos e Lendas

A presença do som na imaginação humana tem sido constante na história. Neste capítulo, serão evocadas as maneiras pelas quais ele aparece no imaginário da humanidade, em diferentes tradições. Serão destacados alguns exemplos de mitos, histórias de fadas e lendas, que atestam a importância do som para o ser humano. Essas histórias são modelos explicativos do mundo e de acontecimentos presenciados ou imaginados pelo homem. São anônimas e, muitas vezes, fruto de criações coletivas. Muito antigas, sua origem se perde no tempo; foram transmitidas por tradição oral, por muitas gerações. Posteriormente registradas, figuram em coletâneas, encantando a cada vez, novas gerações. Ao ler esses relatos, você está convidado a exercitar sua capacidade de reflexão, não se limitando aos fatos narrados. Em cada história, encontrará indícios do papel do som e da música e de seus significados.

Som e mito

Em primeiro lugar, foram escolhidos três mitos gregos que apresentam diferentes tratamentos para o som, cada qual possibilitando identificar-lhe sua função naquele contexto.

As sereias

As sereias, nas versões mais antigas do mito, eram representadas como grandes pássaros com cabeça de mulher. Mais tarde, tornaram-se seres do mar, com cabeça e corpo de mulher e cauda de peixe. Lindas, seduziam os viajantes com sua aparência belíssima e seu canto, arrastando-os para o fundo do mar. Pertencem à mitologia de vários países, mas a mais conhecida é a versão constante da Odisséia, que relata as aventuras de Ulisses (Odisseu), rei de Ítaca, na volta de Tróia para casa. Ulisses, durante o caminho de volta, passou por várias aventuras. Numa delas, ao terminar sua expedição à ilha de Eéia, onde reinava Circe, poderosa feiticeira, foi alertado por ela acerca dos perigos que corria no trecho do mar conhecido como Mar das Sereias, causadoras de inúmeros naufrágios, pois não era possível ao homem ouvir seu canto, sem sucumbir. A curiosidade de Ulisses, porém, era incontrolável e ele queria ouvi-las. Orientado por Circe, concebeu um plano, para que pudesse fazer isso em segurança; derramou cera de vela nos ouvidos de toda a tripulação do seu navio, de modo que eles não corressem risco, ao passar pelas sereias. Quanto a ele, ordenou a seus homens que o amarrassem fortemente ao mastro, para que, mesmo que quisesse, não pudesse ir ao encontro das sereias e seu mavioso canto. Os marinheiros foram, também, orientados para não lhe dar ouvidos quando lhes ordenasse soltá-lo, até que estivessem longe do Mar das Sereias, em segurança. Assim foi feito e graças ao estratagema, Ulisses tornou-se o único mortal que, ouvindo o canto das sereias, se salvou.

Há, no Brasil, uma entidade equivalente às sereias, a Uiara, espírito das águas fluviais, de cabelos verdes e voz maviosa que, do mesmo modo que elas, seduz os homens com seu canto e os leva para o fundo das águas.

Sirinx

Vivia na Arcádia uma hamadríade* de nome Sirinx, cuja beleza encantava os espíritos da floresta e sátiros, que passavam seu tempo perseguindo-a e cortejando. Sirinx, porém, era muito ligeira e conseguia sempre escapar; ela não se interessava pelos homens, nem queria namorado ou companheiro, pois fizera voto de permanecer solteira como a deusa Ártemis, padroeira da caça, de quem era devota.

Tanta beleza fascinou Pã, o deus sátiro, meio homem, meio animal, que se apaixonou e resolveu com ela se casar. Orgulhoso e poderoso, não podia imaginar que seria, também, preterido pela ninfa. No entanto, foi isso que aconteceu; Sirinx desprezou-o, como aos outros e fugiu, atravessando florestas e estepes, até encontrar as águas mansas do rio Láudon. Mas, embora manso, o rio era muito fundo e Sirinx teve medo de cruzá-lo. Enquanto isso, percebia que Pã estava cada vez mais próximo, determinado a alcançar seu objetivo: possuí-la. Em seu desespero, Sirinx invocou Ártemis, suplicando-lhe piedade.

Logo chegou Pã e saltou sobre Sirinx, mas, em vez da ninfa, caiu sobre uma touceira de junco, na qual a deusa a havia transformado. O vento, passando pelo junco, transformava os soluços e suspiros de Sirinx nos sons mais belos que se pode imaginar. Ao ouvir aqueles belos sons perturbadores, o deus Pã resolveu fazer com as varetas de junco uma flauta. Cortou-o em pedaços de vários tamanhos, atou-os uns aos outros para criar um instrumento, que chamou Sirinx, em homenagem a sua amada hamadríade. E a cada vez que tocava, podia-se ouvir o triste som de Sirinx*.

Orfeu

Orfeu era filho do deus-rio Eagro, rei da Trácia, e da musa Calíope. Apolo lhe dera de presente uma lira e Orfeu, excelente cantor, começou a cantar e a acompanhar-se ao instrumento. Dizem que quando Orfeu tocava e cantava, os animais da floresta, pássaros, peixes e até árvores e pedras se acercavam, fascinados com o poder de sua música.

Orfeu havia se casado com a náiade* Eurídice e os dois viviam em perfeita harmonia, pois se amavam muito. Mas a felicidade do casal pouco durou; um dia, estando Eurídice a brincar com suas amigas ninfas, foi picada por uma cobra venenosa e morreu.

Não é possível descrever o desespero de Orfeu que, junto às ninfas, lamentava sua perda. Sua música expressava seus sentimentos e era tão dolorosa, que a Terra e os céus choravam com ele. Mas, por mais que Terra e céus se lamentassem junto a Orfeu, nada mudou e a amada não retornou.

Certo dia, considerando impossível continuar a viver com essa dor, Orfeu resolveu descer ao inferno, conhecido como Hades*, disposto a convencer o deus dos infernos a devolver-lhe Eurídice. E assim fez Orfeu, passando por lugares sombrios, por entre espectros e fantasmas assustadores, até chegar diante do trono de Hades*, soberano dos infernos e sua esposa Perséfone*.

Logo Orfeu pôs-se a cantar sua desdita, acompanhando-se com a lira e suplicando aos deuses que Eurídice lhe fosse devolvida. Seus lamentos eram de uma beleza tão pungente, que não havia quem não se emocionasse. Conta-se que até mesmo as terríveis eumênides*, abandonaram sua frieza e puseram-se a chorar comovidas. A comoção atingiu, também, o casal de deuses e Perséfone concedeu-lhe o que queria, devolvendo-lhe Eurídice.

No entanto, impôs a Orfeu uma só condição. Ele não deveria olhar para trás até cruzar as portas do inferno. Se o fizesse, Eurídice seria levada de volta, desta vez para sempre.

E assim foi; o casal principiou a longa jornada de volta à Terra, Orfeu à frente, Eurídice atrás. Num dado momento, porém, ansioso por não conseguir ouvir nenhum som que lhe confirmasse a presença de Eurídice atrás de si, Orfeu voltou a cabeça. Assim que o gesto se completou, ouviram-se os gritos de Eurídice, sendo levada de volta ao Inferno. Desta vez as súplicas e lamentos de Orfeu não mais tiveram o poder de reverter a situação. Ele perdera Eurídice.

Tempos depois, Orfeu continuava cantando sua perda e comovendo seres e animais até que, um dia, foi morto pelas sacerdotisas de Dionísio, que, invejosas de seu talento, não toleravam vê-lo embebendo o mundo de música. Só assim Orfeu conseguiu reunir-se, no Inferno, à sua amada Eurídice.

Considerações

Há dois mitos gregos que explicam a origem da música, e que Murray Schafer resgata em *A afinação do mundo*. Um deles conta que, um dia, Hermes, andando pela praia, encontrou um casco de tartaruga. Tomando-a, fixou sobre ela tripas de carneiro tencionadas, que soavam ao serem tangidas. Estava criada a lira, mais tarde, oferecida por Hermes a Apolo.

O outro mito relata que ao ser morta a Medusa pelo herói Teseu, suas irmãs, as Górgonas, ficaram tão profundamente perturbadas que lançaram ao ar os mais perturbadores soluços, que se transformaram num nomos* capaz de transmitir a profunda dor que sentiam.

Esses dois mitos, diz Schafer, expressam as duas maneiras de conceber a música; no primeiro, ela é resultado das propriedades físicas do som. No segundo, é expressão de emoções.[57]

Ao examinar os mitos de origem da música lembrados por Schafer, vê-se que os dois modos de concebê-la ultrapassaram a cultura grega, preservando-se na história, como os conceitos apolíneo e dionisíaco. No conceito apolíneo, a música é proporção, beleza, organização e harmonia. No conceito dionisíaco, é expressão, revelação, prazer e dor. Essa manifestação não é, necessariamente bela e ordenada, mas expressão da vida em todas as suas nuances, do êxtase divino ao sofrimento mais profundo, da mais perfeita beleza, à cena de maior horror.

Á luz desses dois conceitos, vamos examinar como se apresenta a música, nos mitos evocados. No mito das sereias ela é tão avassaladora, que conduz inexoravelmente os homens à morte. É dionisíaca em seus efeitos, pois quem a ouve não hesita em, por ela, perder a própria vida. Como se organizava, como soava, não sabemos. O que se conhece é apenas seu efeito arrebatador. E Ulisses só conseguiu ouvi-la sem se perder, mantendo-se atado ao mastro do navio, isto é, buscando um ponto de equilíbrio, que o susteve.

Em Sirinx, a única maneira de fugir do fauno foi sua transformação em touceira de caniços que, por sua vez, transformou-se em instrumento musical. Ao morrer, no entanto, Sirinx ganhou vida, pelos sons que produzia; tornou-se música. É um movimento oposto ao das sereias: a música das sereias subjuga e aprisiona. Sirinx, subjugada em seu destino, surge como

---

[57] SCHAFER, 2001, p. 20-2.

doadora da música e, portanto, doadora da vida. Desse modo, pela música, se liberta.

Em Orfeu, há uma curiosa ambigüidade: seu instrumento é a lira, instrumento de Apolo que, potencialmente, carrega em si os conceitos de ordem, equilíbrio e beleza. No destino de Orfeu, a dor se insere e rompe o equilíbrio harmônico com a perda de Eurídice. O sofrimento intenso deixa extravasar a mais profunda dor, tão grande que conquista a cumplicidade de todos os seres, até dos deuses infernais. A lira apolínea transmuta-se em instrumento de Dionísio. Outro ponto importante é o sinal de salvação para o casal - o silêncio, que Orfeu, no entanto, não pôde suportar. Gerador de ansiedade, o silêncio – o não som - fez que se voltasse, quebrando a promessa feita aos deuses infernais. Maior que a dor da perda da amada, era o peso do não som, do não dito, do silêncio. Orfeu perdeu a amada, mas continuou a expressar, pela música, sua dor; e, finalmente, ao perder a vida e silenciar-se sua música, ganhou Eurídice para sempre. Paradoxalmente, Orfeu conquista, na morte, a vida, simbolizada pelo amor de Eurídice.

Outras histórias

Os contos de fada, fábulas e lendas, como os mitos, são modelos explicativos do mundo. De origem desconhecida, certamente são muito antigos e viajaram por diferentes épocas por tradição oral, sendo passados de uma geração a outra. Eles têm uma rica simbologia e carregam valores, hábitos e crenças da sociedade que os criou. Neste segmento, o foco de interesse continua a ser, como nos mitos, a importância do som e da música para o homem.

Joãozinho e o pé de feijão
Havia uma pobre viúva que vivia com seu filho Joãozinho. O único bem que possuíam era uma vaquinha que lhes dava leite mas, quando seu leite secou, já não tinham mais nada com que se alimentar. A viúva, então, mandou seu filho à feira, para vender a vaca e obter algum dinheiro, mas Joãozinho acabou trocando o animal por três grãos de feijão, convencido de que eram mágicos. Ao voltar à casa, mostrou-os à mãe, que, irada, atirou os feijões pela janela. Como nada houvesse para comer, foram dormir com fome.

No dia seguinte, ao acordar, Joãozinho se surpreendeu com o enorme pé de feijão que, durante a noite, nascera ao lado da janela e alcançava as nuvens do céu. Subindo por ele, encontrou um enorme castelo, escondido no meio das nuvens. Lá, foi recebido por uma giganta, que lhe deu de comer e o escondeu, pois seu marido comia carne humana. De seu esconderijo, Joãozinho pode ver o gigante, após o jantar, abrir um saco de moedas de ouro e examiná-las por um bom tempo, até adormecer. Ao vê-lo dormindo, Joãozinho saiu do esconderijo, pegou o saco e fugiu. O dinheiro permitiu que ele e sua mãe vivessem com folga por um bom tempo. Quando terminou, Joãozinho resolveu, novamente, subir pelo pé de feijão. A história se repetiu e ele viu, de seu esconderijo, o gigante, após o jantar, pegar uma galinha e ordenar-lhe que botasse. A galinha pôs um ovo de ouro. Novamente, após ter o gigante adormecido, Joãozinho pegou a galinha e fugiu.

Ao subir pela terceira vez e agir da mesma maneira, Joãozinho viu o gigante pedir a sua mulher uma harpa encantada, que encheu o ar com sons maravilhosos. Joãozinho repetiu a ação e, após ver o gigante adormecido, pegou a harpa e fugiu. Mas a harpa gritou por socorro, acordando o gigante, que saiu em sua perseguição. Joãozinho, rapidamente, desceu pelo pé de feijão e, ao chegar ao solo, tomou um machado e o cortou, derrubando o gigante. Daí por diante, viveu prosperamente com sua mãe, com o lucro da galinha dos ovos de ouro e o prazer que a harpa encantada lhes proporcionava, com os doces sons celestiais que emitia.

Rumpelstiltskin

Havia, num reino muito distante, um pobre moleiro que tinha o hábito de se gabar. Certo dia, ele contou, para quem quisesse ouvir, que sua linda filha era capaz de transformar palha em ouro. Ao chegar essa história aos ouvidos do rei, este ordenou ao moleiro que fosse a seu palácio e lhe levasse sua filha. Se o que afirmava não fosse verdade, ele mataria os dois. Caso contrário, a faria rainha. O moleiro ficou desesperado pois, por sua imprudência, tinha posto em risco a própria vida e a da filha. Mas, como não havia outro remédio, levou a filha ao palácio do rei, que a conduziu a um enorme quarto, cheio de palha, ordenando-lhe que a fiasse e a transformasse em fios de ouro.

A pobre moça, desesperada, começou a chorar. Algum tempo depois, porém, surge-lhe à frente um homenzinho grotesco, que lhe prometeu realizar o desejo do rei, em troca de algo que possuísse. Ela tinha um anelzinho, que o homem aceitou e, após tê-lo pego, cumpriu sua promessa. Assim, no dia seguinte, ao abrir a porta do quarto, o rei foi surpreendido pela enorme quantidade de fios de ouro reluzente, empilhados até o teto.

No entanto, o ganancioso rei quis ver a moça repetir a façanha e fez-lhe a mesma promessa anterior, de modo que, à noite, ela se viu num quarto ainda maior, coberto de palha. A história se repetiu e ela conseguiu os favores do homenzinho, trocando sua ajuda por um colar de contas, a última coisa que possuía.

No dia seguinte, o rei, feliz, viu, mais uma vez, que a moça cumprira a promessa, mas, de novo, quis que repetisse a tarefa, jurando, porém, ser esta a última vez. Assim, levou-a a um quarto ainda maior, cheio de palha para ser transformada em ouro. De novo, a história se repetiu; novamente surgiu o homenzinho, que prometeu ajudá-la em troca de alguma coisa. Mas, dessa vez, a moça não tinha mais nada para lhe oferecer em troca do seu favor. Então, o homem lhe disse que aceitaria receber como pagamento seu primeiro filho. A moça rapidamente aceitou, pois queria se livrar daquele tormento. Além do que, como não tinha filhos, pareceu-lhe que não teria de pagar a promessa. E o homenzinho grotesco, novamente, cumpriu sua parte no trato, transformando a palha em ouro. No dia seguinte, ao ver o quarto coberto de fios de ouro, o rei, finalmente, decidiu casar-se com ela, transformando-a em sua rainha.

Muitos meses se passaram e a moça já nem mais se lembrava do que lhe acontecera, quando deu à luz a um lindo bebê. Alguns dias depois, estando sozinha no quarto com a criança, surge-lhe, à frente, de repente, o homenzinho, cobrando-lhe a antiga promessa. A moça desesperada, chorou, chorou e suplicou, até que o homenzinho lhe prometeu que a liberaria da promessa, se conseguisse adivinhar seu nome.

O alívio da rainha foi imediato, pois conseguira mais um tempo. O homenzinho esquisito lhe oferecera as seguintes condições: durante três noites seguidas, ela poderia tentar adivinhar, desfiando quantos nomes quisesse. Se conseguisse, ele a liberaria da promessa, caso contrário, levaria seu filho. Naquele momento, a proposta não lhe pareceu ser tão difícil e empenhou-se em conseguir cumprir a tarefa a todo custo. Assim, logo, começou a pesquisar todos os nomes existentes, no seu reino e em outros.

No primeiro e no segundo dia, ela disse ao homem todos os nomes que conseguira coletar, dos mais comuns aos mais estranhos, mas não conseguiu acertar. A cada sugestão sua, o homenzinho apenas sacudia a cabeça, mostrando que ela não adivinhara seu nome. No último dia, a rainha mandou sua aia percorrer a cidade em busca de mais nomes, disposta a lutar até o fim para não perder seu filhinho. A aia foi a todos os lugares, mas não conseguiu trazer nenhum novo nome. Ao voltar, porém, apreensiva para o palácio, ao passar pela floresta, viu, de repente, numa clareira, nada mais do que o homenzinho, saltando, dançando e cantarolando, em torno de uma fogueira:

> *Amanhã será meu dia!*
> *Hei de ter muita alegria!*
> *A rainha vai chorar,*
> *Sem meu nome adivinhar!*
> *Rumpelstiltskin eu me chamo*
> *E da vida não reclamo!*[58]

Ao ouvir aquilo, rapidamente, a aia voltou ao palácio, contando à rainha o que ouvira. Quando, à noite, o homenzinho apareceu, a rainha começou a desfilar alguns nomes, ao que ele, radiante, respondia que não. Então, de repente, a rainha pronunciou seu verdadeiro nome. O homem, furioso, soltou um grito e disse "Ah! O diabo lhe contou!" Logo em seguida, ouviu-se um estouro e o homenzinho desapareceu para sempre, envolto em fumaça, livrando a moça de sua triste sina.

A cigarra e a formiga

Durante todo o verão, as formigas trabalharam muito, colhendo folhinhas e abastecendo o formigueiro, para prevenir-se dos rigores do inverno. Nesse tempo todo, enquanto trabalhavam, podiam ouvir a cigarra, a cantar despreocupada. Quando, afinal, o inverno chegou, as formigas tinham recolhido alimento suficiente para enfrentá-lo por muitos meses. A cigarra, no entanto, que passara o verão todo cantando, foi surpreendida pelo frio e pela neve e não encontrou nenhum lugar para se abrigar.

Essa fábula tem dois finais contrastantes – num deles, a cigarra vai bater à porta do formigueiro pedindo alimento e abrigo, mas as formigas se recusam a ajudá-la, dizendo: "Você não cantava no verão? Pois dance agora!" E a cigarra, sem recursos, com frio e com fome, morre ali mesmo, vítima da própria imprudência.

Na outra versão, ao bater no formigueiro, a formiga a reconhece e se lembra que o canto da cigarra, muitas vezes, as havia ajudado, pois a música organizava seu ritmo e as fazia trabalhar melhor, com eficiência e menos cansaço. Ajudava-as, também, a passar o tempo, pois se encantavam com a

---

[58] Esta versão é encontrada em PHILIP, Neil. *Volta ao mundo em 52 histórias*, 2000, p. 54.

música. Assim, a formiguinha chama suas companheiras, que recolhem a cigarra, a alimentam durante o inverno e a reconhecem como útil à sociedade das formigas.

As duas versões podem ser encontradas em diferentes edições; Monteiro Lobato, em seu livro *Fábulas*, as reconta, acrescentando: "Os artistas – poetas, pintores e músicos - são as cigarras da humanidade".[59]

Mais considerações

A música e o som aparecem nessas histórias cumprindo diferentes funções; em *Joãozinho e o pé de feijão*, a magia comparece para ensinar ao rapaz um caminho para o castelo no meio das nuvens, depois do desalento do dia anterior após a ira da mãe, pela tola troca que fizera. De lá, ele traz para casa três tesouros: o saco de moedas, a galinha dos ovos de ouro e a harpa encantada. O primeiro deles, não é um tesouro verdadeiro, pois não é um bem renovável. Após ser gasto, não retorna e, ao fim de algum tempo, os deixa, novamente, na mesma condição de miséria anterior. A galinha, ao contrário, é um bem perene pois, todos os dias, bota um ovo de ouro que, vendido, permite-lhes viver. A harpa, porém, lhes dá uma qualidade a mais que, antes, não dispunham, envolvidos que estavam, com a própria sobrevivência. Após ter sido trazida do castelo por Joãozinho, mãe e filho passam a desfrutar o prazer de ouvir música. A harpa os coloca num estado de felicidade com os sons celestiais que emite. É música apolínea, capaz de proporcionar paz, equilíbrio e felicidade.

Em Rumpelstiltskin, desde o início, cada situação difícil enfrentada pela moça é resolvida pelas artes da magia, à qual tem acesso pela troca por algum bem que possuía: um anel, um colar e, finalmente, o filho que teria. Na ânsia de se livrar de um problema premente, não hesita em prometer a criança ao homenzinho, pois ela não era real; só existia potencialmente, num futuro incerto. Quando cobrada após o nascimento do filho, a moça se desespera e o homem, diante do seu desalento, promete liberá-la da promessa, se descobrisse seu nome.

Nas tradições orais, o nome de alguém não apenas o identifica, mas é detentor de poder. Por esse motivo, nas cerimônias de iniciação, o adolescente recebe um novo nome, secreto, que não pode ser revelado, pois, ao expô-lo, corre toda sorte de perigos. Nessas tradições, crê-se que o dono do nome

---

[59] LOBATO, José Bento Monteiro, 1946, p. 9-11.

divide o poder com quem lhe conhece o segredo. O homenzinho, ao sugerir à moça adivinhar seu nome, também se expõe; mas faz isso confiante, pois é um nome tão pouco comum, que seria praticamente impossível ser descoberto. O que o trai é o excesso de confiança. Ele abandona o silêncio acerca do próprio nome, que o teria posto a salvo e lhe dado a criança. Mas, na dança solitária na floresta, ao gabar-se de sua astúcia, torna-se vulnerável; seu canto é captado pelos atentos ouvidos da aia que, rapidamente, o transmite à rainha.

Comparando-se esta história com o mito de Orfeu, vemos que tanto Rumpelstiltskin quanto o cantor grego não suportam a angústia do silêncio. Orfeu volta-se para verificar a presença de Eurídice. O homenzinho, farto de guardar segredo, encontra uma maneira que lhe parece segura de se aliviar do silêncio que lhe oculta a identidade, buscando a solidão da mata para cantar e celebrar seu nome e sua astúcia. Orfeu, ao voltar-se, perde a amada e continua a cantar sua tristeza até a morte, quando recupera Eurídice, a música e a vida, no mundo infernal. Rumpelstiltskin, ao cantar o próprio nome, entrega-se aos ouvidos da aia, perde a recompensa almejada e desaparece para sempre. Sua música, que a princípio o entretém, é sua desgraça, mas fator de felicidade da rainha.

Em *A cigarra e a formiga*, há duas versões. Na primeira, a música é considerada nociva e a cantora, uma vagabunda que "perde tempo cantando, ao invés de trabalhar", concepção fruto de um conceito bastante presente em diferentes sociedades, em que o trabalho louvado e considerado é apenas aquele capaz de produzir bens materiais. Nesse tipo de sociedade, as artes não têm espaço, pois não geram riqueza material; o artista é considerado marginal e um peso para a sociedade.

Na segunda versão, é resgatada a função da arte e do artista, que têm como tarefa proporcionar maior qualidade de vida aos integrantes da sociedade. Por isso, o comentário de Lobato, à conclusão do relato: os artistas são as cigarras da humanidade. No entanto, nessa concepção, o artista não é uma pessoa comum; ele é o outro; aceito pela sociedade, permanece, no entanto, externo a ela. Útil, destaca-se, no entanto, do grupo social, como um ser diferente, o que torna impossível estender a todos o prazer de fazer arte. Por esse motivo, não se dá uma real transformação, somente possível se cada um identificar em si, e assumi-la, a potencialidade do artista.

Parte

II

Vivências e Construções

CAPÍTULO V
Vivências Sonoras

Abrindo os ouvidos

Chegou a hora de aplicar o que discutimos na primeira parte deste livro. Vamos lidar com o som, percebê-lo intensamente. E fazer que ele fique bem presente em nossa vida. Só assim poderemos desfrutá-lo, manejá-lo, controlá-lo, rejeitá-lo ou acolhê-lo. A seguir, são propostas algumas atividades. Esperamos que você, leitor, as experimente e deixe o som entrar por seus ouvidos, atingindo-o profundamente. Encare essa tarefa como se fosse uma aventura, uma expedição a um país desconhecido, que você começa a explorar. Ou como uma caça ao tesouro – o tesouro sonoro. Estas propostas podem ser realizadas individualmente, ou em grupo. Sempre que houver outras pessoas praticando os exercícios com você, procure conversar com elas após sua realização; isso é importante para descobrir diferenças e semelhanças entre o que fizeram. Essa atitude enriquecerá muito a proposta e lhe dará chance de ampliar os conceitos iniciais.

Som e silêncio

> Agora vamos nos aproximar do som, matéria-prima da música, e do seu oposto, o silêncio. Como vimos no capítulo um, o Prof. Koellreutter considera som e silêncio como duas faces da mesma moeda. O silêncio não é simplesmente ausência de som, ou algo opressivo e negativo, que temos de evitar. Ao contrário, ele é o articulador do som; é por meio do silêncio que os sons se destacam, se fazem presentes e se organizam. É o silêncio que nos prepara para ouvir. Um grande silêncio precede a música.

Vamos começar a trabalhar com o silêncio. Feche os olhos, respire calmamente e deixe, aos poucos, seu corpo se impregnar dele. Se você não iniciar cada uma das propostas com um grande silêncio, não será capaz de ouvir o que ocorre no ambiente com precisão. O silêncio o leva a se centrar e a se concentrar. Neste caso, no princípio é o silêncio!

Som ambiente

Aos poucos, sem fazer qualquer som ou movimento, dirija sua atenção para os sons do ambiente. Que sons são esse? De onde eles vêm? Estão na sala, vêm da rua, procedem de uma fonte fixa? Ou, ao contrário, se movem?

Continue a prestar atenção. Tente perceber quem produz os sons; você consegue identificar a fonte sonora? Foi um carro? Uma máquina? Um pássaro? Um cão? Ou foi a voz de alguém?

Ou foi você que produziu o som? De onde ele veio? De dentro ou de fora de você? É fixo ou se move? E, ao se mover, se aproxima ou se afasta de você? Fique por algum tempo nessa atividade, até sentir que esgotou as questões a respeito dos sons do seu ambiente.

Abra os olhos. Anote num papel o que descobriu, o que percebeu. Pense um pouco em como esses sons o afetaram: você gostou do que ouviu? Ou não? Os sons que ouviu fizeram bem a você? Ou o deixaram indiferente? Ou será que provocaram algum mal-estar? Se estiver fazendo esta atividade em grupo, discuta com seus companheiros e troque experiências com eles. Isso é importante, porque cada um ouve de um jeito, reage de uma maneira. Anote o que descobriu.

Sons do corpo

O corpo é uma interessante fonte sonora. Alguns sons que ele produz são involuntários: tosse, espirro, barulhos do estômago, quando você está com fome.

Outros, porém, são produzidos voluntariamente; descubra os diferentes tipos de som que pode produzir. Com palmas, com os pés, estalando os dedos, com a boca.

Concentre-se para experimentar várias possibilidades. De quantos modos você pode produzir sons? Compare o que fez com o som produzido por outras pessoas. Há diferenças? Quais são? Você consegue imitar as propostas que escuta?

Sons dos seres e fenômenos

Escute. Cada ser vivo produz sons, embora nem sempre possamos ouvi-los. Tente identificá-los pelo som.

Alguns fenômenos da natureza também são sonoros.
Quando você está na praia, ou no campo, a percepção dos sons é intensa. Eles não se misturam, nem perdem a identidade. Por isso, você pode identificá-los com clareza. Na cidade, principalmente se for grande, muitas vezes os sons se misturam uns aos outros e não é fácil ouvi-los separadamente.
Agora, vamos nos concentrar nos "sons da natureza". Procure escutar o ambiente sonoro e dirija sua atenção apenas para os sons de animais e fenômenos da natureza, ignorando outros tipos de sonoridade. Ao fazer isso, você está utilizando seu ouvido seletivo, isto é, isolando alguns sons, e desconsiderando outros. Ou será que, de onde você está, não pode ouvir nenhum som da natureza? Tente descobrir. O que você ouve? Chuva, trovão, vento? E pássaros? Animais? Preste atenção nesses sons. Como eles são? Onde estão? De onde vêm?

Sons das coisas e das máquinas

Se você está na cidade, provavelmente, vai ouvir mais sons de objetos e máquinas, do que sons naturais. Como são eles?
Você consegue identificar esses objetos e máquinas pelo som que produzem? Onde eles estão? Dentro ou fora da sala? Longe ou perto de você? Eles se movem ou são fixos?
Agora, imagine sons, mesmo que não os esteja ouvindo no ambiente em que está. Se estiver num grupo, discuta com os companheiros que sons imaginaram. De que objeto ou máquina era o som? Quais eram suas características? Em seguida, tente produzi-los com os meios disponíveis.

Jogo - máquina sonora

Neste exercício, o grupo forma uma grande roda, deixando um espaço vazio ao centro. Silêncio. Aos poucos, sem qualquer comando, alguém se dirige ao centro e imagina ser a engrenagem de uma máquina, que se move e produz sons constantes e repetitivos. Logo depois, outra pessoa chega, integrando-se à primeira, ao mesmo tempo em que faz um movimento e um som. O jogo prossegue, até que todos estejam colocados, como uma das engrenagens da máquina sonora. Repetir algumas vezes e discutir com o grupo as sensações, os sons produzidos e a qualidade do exercício.

Pensando nos sons

Agora que você está familiarizado com os sons que ouviu, imaginou ou produziu, vai começar a pensar neles de maneira mais sistemática do que anteriormente. Em primeiro lugar, vai aprender a classificá-los. Há muitas maneiras de se classificar os sons; no momento, porém, vamos nos limitar a três: quanto à procedência, quanto às características físicas e quanto à organização.

Classificação quanto à procedência

Neste item, vamos identificar sons de acordo com sua proveniência, isto é, com sua fonte. Isto quer dizer que vamos ouvir sons, descobrir o que os produziu, separá-los por categorias: sons da natureza, sons tecnológicos e sons produzidos pelo homem e descobrir o que os produziu: era um cão, um relógio, passos na calçada? Alguém falando ou rindo?

> - *Sons da natureza* - são as vozes de animais, o canto de pássaros, o zumbido de insetos e os fenômenos naturais, como chuva, trovão e vento.
> - *Sons tecnológicos* – são aqueles produzidos por aparelhos, máquinas, objetos em geral, brinquedos e instrumentos. Cada um tem uma peculiaridade, que nos permite reconhecê-los.
> - *Sons humanos* - fala, risada, choro, tosse, entre outros.

Dê exemplos de sons que caibam, nessas três categorias.

Aplicação
Feche os olhos e concentre-se no que está ouvindo. Ouça os sons de seu ambiente. O que ouviu? Qual é a procedência desses sons?
Faça uma lista dos sons ouvidos. Classifique-os como sons da natureza, tecnológicos ou produzidos pelo homem.

Classificação quanto a características físicas

Os sons têm algumas características específicas, que costumamos chamar de "parâmetros do som". Esses parâmetros são: altura, duração, intensidade e timbre.

Quanto à altura - o som pode ser agudo, médio ou grave. Som agudo é o que tem altas freqüências e soa "muito fininho". Alguns passarinhos piam assim, produzindo sons agudos. Ou o motor de alta rotação do dentista. Sons graves são os que têm freqüências baixas. Comumente, são chamados de "sons grossos". Mas o nome é, mesmo, sons graves. O som do tráfego é grave; e, também, o apito de um navio, ou o rugido de um leão.

Quando o som não é nem agudo e nem grave, dizemos que está no registro médio. Dê exemplos de sons agudos, médios e graves. Ouça e perceba se os sons ouvidos são graves, agudos ou médios.

Quanto à duração - o som pode ser curto, longo ou médio. Ouça e identifique sons curtos e longos. Você consegue se lembrar de um som curto? E de um longo? Identifique os sons ouvidos como curtos, longos ou médios.

Quanto à intensidade – este parâmetro nos diz se o som é forte, fraco ou médio. Um trovão é forte. Ou uma banda de rock. E um som fraco? Procure exemplos de sons bem fraquinhos. Classifique os sons que ouviu em fortes, médios e fracos. Chamamos ao som fraco *piano*.

Quanto ao timbre - essa é a qualidade que permite a você identificar a fonte sonora, mesmo sem vê-la. Quando alguém que você conhece o chama ao telefone, você logo o identifica pela voz. Ou quando é capaz, ao escutar uma música, de dizer que instrumento está tocando. Essa qualidade que personaliza o som é o timbre. Quando, num exercício anterior, você se empenhou em descobrir a procedência dos sons que ouvia, estava, na verdade, trabalhando com o parâmetro timbre.

Agora, cante o som de uma vogal – **"O"**, por exemplo. Sem deixar de cantar, altere vagarosamente a forma da boca. Ouça as mudanças no som que esse movimento provoca. Alterando a forma da boca, você está alterando o timbre.

Ouça mais uma vez os sons do ambiente. Isole um deles e classifique: é agudo ou grave? Curto ou longo? Forte ou fraco? Você é capaz de identificar a fonte sonora? Se for capaz, está classificando o som pelo timbre.

Som, memória e imaginação

Sons de agora

Os sons são muito presentes em nossa vida. Eles nos acompanham e caracterizam o ambiente em que vivemos. Pense em sua casa: que sons você identifica nela? Ela tem sons característicos que a personalizam e a tornam diferente de outras casas. Quais são esses sons? Mas há, também, aqueles sons comuns a todas as casas. Quais são eles?

Onde fica sua casa? Perto de uma rua movimentada? Ou não? Você ouve o som da rua quando está dentro de casa? Ou mora perto de uma igreja, de um restaurante, de um ginásio de esportes? Mora no campo ou na cidade? Existe algum som que considera uma "marca sonora*" do lugar em que habita? Se você procurar ouvir com atenção o som do seu ambiente, vai descobrir muita coisa a seu respeito.

Sons de ontem

Nossas lembranças estão povoadas de sons. Tente se lembrar de algum momento de sua infância, do lugar em que morava, ou de algum fato acontecido, cuja lembrança está entremeada de sons. Pode ser, por exemplo, o barulhinho da chuva quando ia dormir, o apito de um trem, o som de passarinhos pela manhã, ou o despertador. Cada pessoa tem um repositório de sons em sua memória e, com freqüência, eles carregam em si muitas emoções. Se estiver em grupo, compartilhe essas experiências com seus companheiros.

Sons imaginados

Mas você não precisa se prender a fatos ocorridos ou a sonoridades reais. Você pode imaginar sons, mesmo que não os esteja ouvindo de fato, ou recordando sons do seu passado.

Experimente imaginar: como soará um meteorito caindo sobre a Terra? E uma manada de búfalos em disparada? E como seria o som da carruagem de Cinderela ao voltar do baile no palácio real?

Invente outras situações, dando livre curso à sua imaginação. Invente sonoridades, brinque com elas.

Capítulo VI
Construções Musicais

Após explorar os sons de muitas maneiras, é hora de se aventurar um pouco mais. Agora, em vez de simplesmente escutar o som do ambiente ou recordar e imaginar sonoridades, você vai produzir seus próprios sons. É assim que a música realmente começa: quando o homem, após ter percebido os sons, começa a produzi-los e a organizá-los.

Mas, para isso, temos que, em primeiro lugar, conhecer de perto alguns modos de organização dos sons.

Modos de organização sonora

Agora que você tem alguma familiaridade com os sons e com o silêncio, pode começar a organizá-los. Essa organização pode ocorrer de muitas maneiras diferentes, mas, por enquanto, vamos nos limitar a dois modos: horizontal ou vertical.

Horizontal

Dá-se quando você produz sons de diferentes alturas, um em seguida aos outros. É o que acontece com as melodias. Lembre-se de alguma melodia conhecida, cante-a e perceba que ela se organiza com sons de alturas diferentes, um após o outro, obedecendo a uma determinada duração, isto é, formando um determinado ritmo.

Agora, invente uma melodia você mesmo; cante alguns sons de alturas diferentes, como se fosse uma pequena canção. Se estiver em grupo, compare a sua melodia com as produzidas por seus companheiros. Gravem as melodias produzidas, para poderem ouvir muitas vezes. Conversem a respeito delas. Como foram construídas? Como soam? Você é capaz de perceber pontos de tensão e relaxamento nelas? Escolham uma canção que todos conhecem. Perceba o movimento de subida e descida do som. Tente anotar o que percebeu.

Vertical

Ocorre quando se superpõem vários sons. Faça isso em grupo, com várias pessoas, cada uma delas produzindo um som e executando-os ao mesmo tempo. Repita o exercício algumas vezes. Você pode fazer isso com a voz, com objetos variados, ou com instrumentos musicais. Experimente várias possibilidades.

Ao ouvir música, preste atenção na organização horizontal ou vertical dos sons. O que pode ouvir?

Explorando sonoridades

Depois de produzir vários tipos de organização sonora, é hora de explorar outros caminhos. Comece com a própria voz; de quantos modos pode produzir sons com ela? E com o seu corpo?

Bata palmas. Varie a tensão das mãos, enquanto bate. Experimente várias maneiras de bater palmas. Como são os sons que produz? Que diferenças as várias tensões da mão provocam nos sons?

Agora, volte aos sons vocais. Explore possibilidades. Articule os sons de jeitos diferentes; modifique de muitas maneiras o espaço da boca: faça bico, cante com vários formatos de boca. Cante como se tivesse uma batata quente na boca, ou como se estivesse mascando chiclete. Cante com voz de criança, com voz de uma pessoa muito mandona, ou como se fosse muito tímido. Perceba as diferentes possibilidades sonoras que emergem quando você altera a forma da boca, ou coloca um intenção, como quando inventa uma personagem. Faça sons claros e escuros, curtos e longos. Explore fonemas diferentes e os ouça enquanto soam.

O ambiente em que você está produz, também, modificações no som. Tente cantar num ambiente aberto. E num ambiente fechado. Cante voltado para uma parede. Ou produza um som na boca de um vaso. Essa diferença na sonoridade é causada pela ressonância. O som, que é vibração, percorre o ambiente e se amolda a ele. Num ambiente aberto, o som vai e não volta. Num ambiente fechado – a boca do vaso, por exemplo, o som produzido bate nas paredes e fica por ali. O resultado é um som cheio e ressonante.

Brincando com sons

A música é uma linguagem. Assim, você pode buscar várias maneiras de brincar com ela. Em duplas, ou em grupos maiores, comece um trabalho exploratório das diferentes sonoridades, utilizando sons do corpo, ou materiais diversos que produzam sons, tais como papéis, pedaços de madeira, moedas, pedaços de metal. Após explorá-los por algum tempo, comece, com seus companheiros, a organizar o material, de modo a fazer uma construção sonora.

Por exemplo, decidam como começar: com um único som? Ou com vários sons simultâneos? Como devem ser? Longos? Curtos? Fortes, fracos? Agudos? Graves? Você pode experimentar um som longo que desliza do agudo para o grave, ou ao contrário, do grave para o agudo. Depois de explorar sonoridades por algum tempo, decida como continuar. Aos poucos, construa uma invenção sonora, até chegar a um final. Repita o que fez algumas vezes, ajustando sonoridades e melhorando o desempenho. Quando se der por satisfeito, grave o que produziu. Como foi a experiência? Ficou satisfeito com ela? Faça isso outras vezes, com outros materiais e explorando novos caminhos.

Construção e criação

Você pode encontrar muitas maneiras de produzir sons; pode sonorizar uma poesia; criar um aglomerado sonoro que sirva de ambiente a algum texto, que pode ser lido por uma ou mais pessoas; pode brincar com as sonoridades dos nomes das pessoas que integram o grupo. O que é importante, é dar asas à sua imaginação, mas não perca o foco principal deste trabalho: o som.

Tente lembrar de histórias em que o som - ou a música - desempenha um papel importante. Ou tente contar uma história conhecida, sem fazer uso de palavras ou gestos, utilizando somente sonoridades.

Essas são algumas sugestões para você explorar, de modo a tornar o som mais presente e significativo em sua vida.

Palavras Finais

Você identificou sons e os classificou de diferentes maneiras. Aprendeu que o mundo está cheio de sons e que eles podem ser compreendidos a partir de vários critérios. Eles existem na natureza, mas, também, nos objetos, utensílios e instrumentos fabricados pelo homem. Eles estão nas ruas, dentro de casa, nos laboratórios. Como estão diretamente ligados à vida, eles se modificam no tempo e no espaço. O som é a matéria-prima da música. Por isso, para fazer música, precisamos ouvir e saber identificar as diferenças por eles apresentadas. Podemos, também, recordar situações em que as sonoridades de um lugar - a voz de alguém, o ruído de algum objeto - ficaram gravadas em nossa memória, provocando, ao evocá-las, toda sorte de emoções. Você percebeu que pode imaginar sons; embora essa não seja uma atividade fácil, é possível aprendê-la. Quanto mais você exercitar sua imaginação sonora, mais facilmente ela responderá a seus esforços e comparecerá, fazendo que você pense musicalmente.

Se isso, realmente, aconteceu, é sinal de que sua escuta está se recuperando da tendência de "fechar as pálpebras auditivas", que todos temos hoje, em virtude do excesso de informação, do ruído ambiental e da poluição sonora. Talvez, ao voltar sua atenção para os sons, você sinta algum desconforto, pois ouvirá coisas demais e pode se sentir um pouco incomodado com isso. Mas é o que ocorre toda vez que tomamos consciência de algo de que, anteriormente, não nos dávamos conta. Se não tivermos consciência dos sons à nossa volta, nem por isso eles deixarão de estar lá. Se forem do tipo que faz mal à saúde, não poderemos nos defender dele. Tendo, porém, consciência do som excessivo ou desagradável, poderemos evitá-lo. Escutar bem é um pouco como sentir dor, que é uma defesa de organismo, que logo acusa se alguma coisa não vai bem.

Mas, se os sons à nossa volta agradarem aos nossos ouvidos, farão com que nos sintamos bem, nos darão prazer. Para que isso ocorra, temos de manter os ouvidos bem abertos, ligados ao mundo à nossa volta, caso contrário, os sons passarão despercebidos e não serão ouvidos. E a música, que pode ser uma fonte de prazer, também não será fruída por nós, se mantivermos as "pálpebras auditivas" fechadas.

Nos mitos e contos apresentados, percebemos a importância dos sons e da música nas diferentes situações apresentadas. Joãozinho aprendeu a viver com arte e se beneficiou disso. A rainha, ao descobrir o nome de Rumpelstiltskin, dele se libertou. A cigarra, na primeira versão, foi abandonada pelas formigas, o que demonstra que o mundo delas era um mundo sem sons, onde só o trabalho braçal era valorizado e não havia qualquer fruição estética. Um mundo pobre, de muitas obrigações e nenhum prazer. Na segunda versão, ao contrário, a cigarra é valorizada por seu canto e reconhecida como fonte de música, auxiliando as formigas em seu trabalho. Essa é uma das funções da arte; trazer beleza e prazer à vida. Os mitos, também, mostraram a força e o poder da música, como libertadora do homem, mas também como sua perdição.

Ao estudarmos os princípios da ecologia, enfatizamos a importância da consciência como dirigente das ações do homem. É ela, também, responsável pela preservação do meio ambiente, pois faz que o homem se perceba como parte do mundo e integrado a ele e que, portanto, toda ação espoliativa incidirá sobre o planeta e seus habitantes. A consciência é o fio condutor da ação do homem e da resolução de problemas.

Os mesmos princípios que estão na base do pensamento ecológico regem, também, o ambiente sonoro e nos convidam a ter com o som uma relação positiva, de convivência e escolha, não de fuga. Mais uma vez, para que isso ocorra plenamente, a consciência tem de se fazer presente. Por meio dos sons, sentimo-nos íntegros, vivos e integrados a nós mesmos, aos outros homens e ao meio em que vivemos. Perceber os sons à nossa volta nos confere clareza a respeito da paisagem sonora, e nos indica se ela se apresenta equilibrada ou não.

No Brasil, vários fatores e transformações afastam o grande público das questões ambientais e da música, a não ser a veiculada pelos meios de comunicação de massa. Acrescente-se a isso o fato de a música estar ausente da escola desde 1971, o que contribui para a manutenção da lacuna percebida em outros segmentos da sociedade, de conhecimento de repertório e oportunidade de ouvir outro tipo de música, que não a privilegiada pelos veículos de comunicação.

Hoje, quando o Brasil se prepara para a aplicação integral da nova LDB (nº 9394/96), nota-se um confortador movimento de recuperação da área de Artes e, em particular, da Música. Parece que as entidades governamentais e alguns segmentos da sociedade perceberam a sua importância para a formação do ser humano. Vários projetos de inclusão social mantêm atividades culturais interessantes, entre as quais compareçam, também com força, as de música.

Após tão longa ausência do currículo escolar, as Secretarias de Educação de vários Estados e municípios empenham-se em capacitar seus professores, estimulando-os a acolher a arte (e a música) em suas vidas. Esse é um movimento interessante após tantos anos de ausência. Outro indício positivo do resgate do papel da arte está na própria LDB, quando, ao contrário da legislação anterior, que via a arte unicamente como atividade ligada ao lazer, considera-a, hoje, uma forma de conhecimento. Impossível deixar de lembrar de 'A cigarra e a formiga', em suas duas versões, uma que desconsidera a arte, valorizando apenas o trabalho material, e a outra, que resgata o papel da arte na sociedade.

Em vários segmentos governamentais há, ainda, forte divergência de concepções que somente poderão ser equacionadas, se houver diálogo entre as partes; referimo-nos às concepções tecno-científica e holístico-ambiental. A primeira, luta por desenvolvimento e progresso a qualquer preço, coloca o homem no cimo da criação e acredita que a busca de qualidade de vida e o sucesso econômico justificam interferências no meio ambiente. É uma conduta linear, que não retorna ao ambiente o que dele é retirado. É como o saco de moedas de Joãozinho. No outro extremo, há os que acreditam que o homem é um elo na cadeia da criação e que seus interesses particulares ou, mesmo, da espécie, não podem se sobrepor aos critérios de preservação do meio.

Ainda há pouco tivemos oportunidade de ver na imprensa a discussão a respeito do plantio de soja, que pretendia justificar, ou repudiar, o desmatamento de grandes áreas preservadas, para a instalação da lavoura. Esta questão é complexa e não se pretende, aqui, pôr fim a essa discussão. Há fortes argumentos de ambos os lados, que precisam ser considerados. O mais importante é que a discussão ultrapasse o terreno específico dos especialistas e as diferentes instâncias governamentais, e alcance a população em geral.

Nesse sentido, os espaços culturais e educacionais são ideais para fomentar discussão e o professor tem um papel importante no processo. Ele está num espaço privilegiado, pois é formador de opinião e as crianças e jovens que participam desses foros de discussão, em pouco tempo, poderão contribuir decisivamente para fortalecer o lado que aposta na consciência, tanto para tratar da questão ambiental, quanto para valorizar a presença da Arte na escola, como promotora do ser humano e da qualidade de vida.

Iniciamos este trabalho com uma frase bíblica – 'No princípio era o Verbo' – que logo se transformou em *No princípio era o som*. Vimos que o som, que está em toda parte, não poderia deixar de estar presente em numerosos mitos que explicam a origem do mundo. Poder-se-ia pensar que, ao encerrar este livro, por oposição, fôssemos buscar uma frase indicadora de finalização, o que poderia ser conseguido com a substituição da frase que apresenta o som, por outra, que trouxesse à tona o silêncio, como símbolo de finalização. No entanto, relembrando o que discutimos no início, podemos dizer que a cada vez que produzimos um som, iniciamos novamente o mundo, num movimento que poderia ser chamado de "eterno retorno". E que o silêncio não é oposição ao som, mas a sua outra face. Desse modo, ao invés de uma linha com início e fim, temos uma rede de atos sonoros permanentemente renovados. A cada vibração, a cada fluxo de ar aspirado e transformado em som, algo se renova. Ao ouvirmos sons de pingos de chuva no chão, de passos de alguém descendo a rua, ou a música de um grupo instrumental, reafirmamos nossa pertença à Terra, onde tudo soa. Essa é a razão de, mesmo agora, ao final deste trabalho, reiterarmos a frase tantas vezes enunciada e que, de modo circular, ao terminar, remete-se novamente ao começo: 'No princípio era o som'.

GLOSSÁRIO

A

Abissais - Relativo aos abismos, às grandes profundezas marítimas. Regiões abissais.

Acústico - Relativo aos sons.

Ambigüidade - Que pode ter várias interpretações; duvidoso, incerto, com mais de um sentido.

Anima - Palavra latina que designa o que contém a energia divina. Alma.

Antropocentrismo - Antropo quer dizer homem. Antropocentrismo é a filosofia que considera o homem como fato central do universo.

Antropólogo - Indivíduo que se especializa no estudo do homem como ser animal, social, moral, cultural.

Antropossociedade - Sociedade de seres humanos, em oposição às sociedades de animais, como, por exemplo, as das abelhas e formigas.

Arqueólogo - Indivíduo que se ocupa da Arqueologia, ciência das coisas antigas.

C

Canto gregoriano - O canto da Igreja Católica desenvolvido ao redor do século VI, no pontificado do Papa Gregório I (590-604). Também conhecido como cantochão (canto plano), em virtude de seu desenvolvimento melódico a uma só voz. Para conhecer mais a esse respeito, consulte-se APEL, W. *The Harvard Dictionary of Music*, 1972, p. 354-9.

Confucionismo - Doutrina religiosa criada pelo filósofo chinês Confúcio, no século V a.C.

D

Dadaísmo - Movimento artístico e literário surgido na França no início do século XX, que defendia a idéia de exploração, na poesia, de um primitivismo infantil.

Depleção - Termo médico, que designa perda de sangue e outros humores do corpo, indicando debilitação da saúde. Por extensão, no texto, refere-se à Terra, indicando sua exaustão e debilitação pela perda de seus "humores" e constituintes químicos.

Descartes, René - Considerado o pai do pensamento científico, defende a idéia de que se pode chegar à Verdade pela observação dos fatos e pela reflexão.

Decibelímetro - Aparelho eletro-acústico (sonômetro) que mede os níveis de intensidade do som, cuja escala de leitura se dá em decibéis.

D

Doença de caldeireiro - Em inglês, *boilemaker disease*, é a doença que acometia os operários que operavam grandes caldeiras nas fábricas inglesas, e que, após algum tempo, acusavam grave perda auditiva, pela exposição excessiva ao forte ruído produzido pelas caldeiras.

Dogma - Princípio de fé apresentado pela Igreja, ou qualquer crença religiosa. Por extensão, proposição tida como indiscutível, ou incontestável.

E

Escolas de mistérios - Vários cultos religiosos antigos reservavam parte de seus ensinamentos para serem revelados apenas a alguns escolhidos, a quem se ensinavam doutrinas secretas e práticas espirituais específicas, as quais eram proibidos de revelar. Esses cerimoniais de iniciação nos cultos secretos, denominadas "escolas de mistérios", existiam em vários lugares, como no Egito, onde se cultuava secretamente Osíris e sua mãe/esposa Isis, e na Grécia, onde se celebravam os Mistérios de Elêusis, ligados a Démeter e sua filha Perséfone, bem como os Mistérios de Dionísio. Para maiores informações, consulte-se CAVENDISH, 1993, p. 401-12.

Estético - Relativo à Estética, teoria do Belo e da Arte. O termo surgiu no século XVII, quando a beleza estava diretamente ligada à Arte. No século XX, quando a Arte desvinculou-se da idéia de beleza e passou, com freqüência, a buscar o "feio", surgiu a tentativa de desvincular da Estética (teoria do belo) uma nova "teoria geral da arte", que a estudava em todos os seus aspectos, incluindo os surgidos nesse século. A teoria foi contestada, com o argumento de que a beleza não é o objeto, mas o resultado da arte. Sendo assim, a palavra estética, hoje, está "onde quer que a arte se conceba, seja como arte em geral, de modo a compreender toda técnica humana ou até a técnica da natureza, seja especificamente como arte bela" (Pareyson, 1997, p. 2).

Etimologia - Estudo da origem e formação das palavras em determinada língua.

Etnólogo - Indivíduo que se ocupa da Etnologia, ciência que estuda a humanidade em seus aspectos raciais, de origem, distribuição, relações e peculiaridades. Antropologia social e cultural.

Êxtase - Arrebatamento dos sentidos, que se desprendem das coisas materiais, causado por uma forte experiência religiosa, artística, ou de prazer.

Eumênides - Forma mais evoluída das Erínias, nome grego das Fúrias. As Erínias eram espíritos que, com freqüência, tomavam a forma de cães e serpentes. A princípio, eram guardiãs das leis da natureza e da ordem das coisas e puniam todos os

(E)

que ultrapassassem seus direitos à custa de outros. Mais tarde tornaram-se divindades vingadoras de crimes cometidos, tolhendo ações e destruindo os culpados.

F

Filólogo - Indivíduo especializado em Filologia, ciência que, por meio de textos escritos estuda a língua e a cultura de um povo. Também se usa o termo especificamente como estudo de línguas antigas, feito pelo exame de textos e documentos escritos.

Forma musical - Denomina-se assim à estrutura composicional da obra, que obedece a certos princípios ordenativos, no que se refere à altura, acordes, tempo, instrumentação, e outros. Muitas vezes, esses princípios são facilmente identificáveis, enquanto em outras, são ocultos e extremamente sutis, demandando interpretação.

Futurismo - Movimento radical artístico e literário do início do século XX, caracterizado pela violenta rejeição à tradição. Em 1913, o futurista italiano Luigi Russolo lançou o famoso manifesto futurista, que assinalava a intensa mudança do mundo, provocada pelos ruídos.

H

Hades - O inferno dos gregos, a morada dos mortos. O inferno era governado pelo deus do mesmo nome – Hades -, irmão de Zeus, e por sua mulher Perséfone. Para chegar ao inferno, era preciso cruzar a lagoa Estige, em um barco conduzido pelo barqueiro Caronte.

Hamadríade - Ninfa das árvores.

Harmonia - Estrutura vertical ou cordal da música, em contraste com a polifonia, que é a estrutura horizontal, ou melódica. Essa estrutura começou a ganhar espaço no século XVI, alcançando seu período mais significativo nos séculos XVIII e XIX.

Hipótese Gaia - Teoria que vem, a cada dia, conquistando adeptos entre os cientistas. Segundo essa hipótese, Gaia é a própria Terra, concebida como ser vivo. Em Gaia, a Terra não é compreendida como o único planeta do sistema solar a ter vida. Ao contrário, como diz Lovelock, um de seus criadores, considera-se que foi a vida que criou condições para que a Terra se desenvolvesse, de modo a se expandir e aperfeiçoar.

Hopis - Tribo indígena norte-americana, situada na região noroeste do Arizona.

J

Jaculatórias - Oração curta e fervorosa, em diferentes devoções.

M

Marca sonora - É o som que identifica uma coisa, um lugar, um produto. É um sinal. Quando ouvido, remete quem ouve imediatamente àquele objeto ou produto.

Melodia acompanhada - É o estilo de composição musical que prevaleceu a partir do século XVII, em que havia uma linha melódica na voz superior, acompanhada por acordes (harmonia) pelos demais instrumentos.

Metáfora - Emprego de palavras com sentido diferente do que lhe é próprio, por analogia ou semelhança.

Metafórico - Relativo à metáfora.

N

Náiade - Ninfa das águas.

Neolítico - Segundo período da Idade da Pedra, também conhecido como Idade da Pedra Polida.

Neuma - São signos de notação musical da Idade Média (comuns entre os séculos VIII e XIV), utilizados na escrita do cantochão.

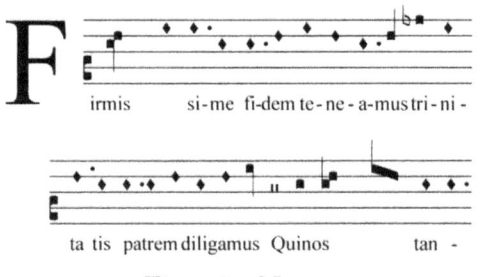

Figura 8 – Neumas

Nomos - São organizações melódicas próprias da cultura grega ao tempo de Homero, utilizadas nas narrativas épicas pelos cantores (aedos).

Notação musical - Sistema de escrita musical que indica as propriedades do som e permite execução posterior. O sistema de notação musical tradicional desenvolveu-se por volta do século XVII, embora houvesse muitas outras formas de notação musical desde os povos da Antigüidade, que mostravam, com maior ou menor precisão, de que modo a música deveria ser executada. As inovações empreendidas no século XX em composição musical exigiram o desenvolvimento de novas formas de notação musical, pois a notação tradicional já não dava conta dos novos sons propostos pelas novas estéticas.

Figura 9 – Notação musical tradicional

O

Ópera - É uma forma de composição musical altamente complexa, que envolve o convívio de várias artes, como música, teatro e dança, entre outras. É uma convenção da ópera que as personagens expressem seus pensamentos e sentimentos cantando, e não falando. Embora haja vários antecessores dessa forma de arte desde a tragédia grega e os autos da Idade Média, a primeira ópera com plenos recursos musicais é Orpheo, de Monteverdi, escrita em Mântua, em 1607. O período áureo da ópera é o século XIX, com importantes representantes da ópera italiana (Verdi, Puccini) e alemã (Wagner).

P

Paleolítico - Primeiro período da Idade da Pedra, também conhecido como Idade da Pedra Lascada.

Paleontologia - Estudo das espécies desaparecidas, que se baseia no exame de fósseis encontrados.

Perséfone - Deusa da mitologia grega, mulher de Hades, senhor dos infernos.

Poesia concreta e poema sonoro - Enfatizam a qualidade sonora das palavras. As primeiras encontram no Brasil manifestação exemplar, com o trabalho dos irmãos Campos (Haroldo e Augusto) e Décio Pignatari, em ampla bibliografia. A respeito de poesia sonora, consulte-se MENEZES, Philadelpho, 1992.

Politeísta - Relativo ao politeísmo, sistema religioso que admite muitas divindades.

Polifonia - Obra musical que combina várias melodias independentes. A música ocidental desenvolveu obras polifônicas de elevado apuro técnico desde meados da Idade Média, culminando essas técnicas durante o Renascimento. No entanto, a idéia de conduzir simultaneamente várias melodias (informação horizontal) perdura até hoje, em maior ou menor grau.

Princípio da Incerteza - É o princípio segundo o qual energia e tempo, ou posição e momento, não podem ser acuradamente medidos simultaneamente. Também chamado Princípio da Incerteza de Heisenberg, ou Princípio da Não Determinação (Collins. *The English Dictionary*, 1979). Heisenberg foi o físico alemão

(P)

que formulou o Princípio da Incerteza, além de contribuir para o desenvolvimento da mecânica quântica.

S

Sirinx - Instrumento de sopro, cujo nome é inspirado na ninfa Sirinx; também conhecido como flauta de Pã, numa alusão ao mesmo mito. É construída com uma série de caniços de tamanhos diferentes, atados ou colados uns aos outros, com uma das extremidades fechadas.

Sociedades orais - Também chamadas sociedades ágrafas, são os grupos sociais que não têm um sistema de escrita e se comunicam oralmente.

Sociedades não letradas - O mesmo que sociedades orais, ou ágrafas.

T

Taoísmo - Doutrina filosófica oriental, cujo princípio é o Tao, ou princípio da ordem universal.

Teocentrismo - O prefixo *teo* refere-se ao divino. Teocentrismo é a filosofia que considera Deus o fundamento de toda ordem no mundo.

Teoria da origem comum da poesia e da música - Presente na tragédia grega e, mais tarde, resgatada por vários autores, inclusive Wagner.

Teorias da relatividade - Há duas teorias propostas por Albert Einstein, físico alemão, a respeito da relatividade: a Teoria Especial da Relatividade (1905), que lida com espaço, tempo e movimento uniforme, e a Teoria Geral da Relatividade (1916), que trata de aceleração e gravitação. Essas teorias alteram significativamente os conceitos vigentes na ciência até então, pois propõem, em lugar de uma verdade imutável e observável, a realidade relativa, que não depende unicamente do comportamento estável dos objetos e fenômenos, mas, também, do ponto de vista do observador.

U

Ursound - Significa "som original".

Bibliografia

APEL, W. - *The Harvard Dictionary of Music*. 2.ed. Cambridgte: The Harvard University Press, 1975.

ATLAS DE MÚSICA - 1. Madri: Alianza Editorial, 1982. p.159.

BAUR, A. - *O sentido da palavra:* no princípio era o verbo. São Paulo: Antroposófica, 1992.

BRASIL - Secretaria de Educação Fundamental. Parâmetros Curriculares Nacionais. Terceiro e quarto ciclos da educação fundamental; apresentação dos temas transversais do curso fundamental (5ª a 8ª séries). Brasília: MEC/SEF, 1998.

CAMPOS, H. - *A arte no horizonte do provável*. SãoPaulo: Perspectiva, 1975.

CAMPBELL, J. - *Myths to live by*. New York: Arkana, 1993.

CAPRA, F. - *O Tao da física*. S. Paulo: Cultrix, 1985.

___ - *O ponto de mutação*. São Paulo: Cultrix, 1986.

___ - *A teia da vida*. São Paulo: Cultrix, 1986.

___ - *As conexões ocultas* - ciência para uma vida sustentável. São Paulo: Cultrix, 2002.

CAVENDISH, R. - *Enciclopédia do sobrenatural*. Porto Alegre: L&PM, 1993.

CHEVALIER, J & GHEERBRANT, A. - *Dicionário de símbolos* 9.ed. Rio de Janeiro: José Olympio, 1995.

COLLINS - *Collins Dictionary of the English Language*. London: Collins, 1979

DOUGLAS, M. IN: YOUNG, D. - *Origins of the Sacred:* the extasies of love and war. New York: Harper Perennial, 1992

ELIADE, M. - *Aspects du mythe*. Paris: Gallimard, 1963.

FELD, S. - *Rainforest*. Voices of Nature (CD), 2001.

GADAMER, H. G. - *Philosophical hermeneutics*. Los Angeles: University of California Press, 1977.

HULL, J. - Sound: an enrichment or state. In: *Soundscape*. v.2, n.1, p. 10-15,julho, 2001.

KARLSSON, H. - The Acoustic Environment as a Public Domain. In: *Soundscape*, v.1, n.2, p. 10-13, Winter 2000.

KOELLREUTTER, H. J. - Mito como silêncio e som: premissa de uma estética musical que tende a superar o dualismo. In: SCHÜLER, D. & GOETTEMS, M. B. *Mito ontem e hoje*. Porto Alegre: Universidade Federal do Rio Grande do Sul, 1990. p.160-4.

KRAUSE, B. - *Wild Soundscapes*. Bekerley: Wilderness Press, 2002.

LOVELOCK, J. - *Gaia* – um modelo para a dinâmica planetária e celular. In: THOMPSON, W. I. - *Gaia:* uma teoria do conhecimento. São Paulo: Gaia, 2001.

MENEZES, PH. - *Poesia sonora* – poéticas experimentais da voz no século XX. São Paulo: Educ, 1992.

MENUHIN, Y.; DAVIES, C. - *A música do homem*. 2ª· ed. São Paulo: Martins Fontes, 1990.

MERLEAU-PONTY, M. - Sobre a fenomenologia da linguagem. In: *Textos escolhidos*. 2.ed. S. Paulo: Victor Civita, Abril, 1984.
MONTEIRO LOBATO, J. B. - *Fábulas*. São Paulo: Companhia Editora Nacional, 1946. p.9-11.
PAREYSON, L. - *Os problemas da estética*. São Paulo: Martins Fontes, 1997.
PHILIP, N. - *Volta ao mundo em 52 histórias*. São Paulo: Companhia das Letrinhas, 2000.
Reportagem "Ecovilas dão exemplos de não agressão à natureza." São Paulo: Jornal O ESTADO DE SÃO PAULO, 27/06/04, p. A14
RIO DE JANEIRO - *Escuta:* a paisagem sonora da cidade. Rio de Janeiro: Secretaria Municipal do Meio Ambiente e Seminários de Música Pró Arte, s.d. Textos de EL HAOULI, J., FONTERRADA, M. E TABORDA, T.
SCHAFER, R. M. - *R. Murray Schafer*, a collection. Toronto: The Toronto University Press, 1992. p.79-92.
___ - *A afinação do mundo*. São Paulo: Editora da UNESP, 2001.
SOFFIATI, A. - Fundamentos filosóficos e históricos para o exercício da ecocidadania e da ecoeducação. In: LAYRARGUES, PH. P. & CASTRO, R. S. DE. *Educação Ambiental*: repensando o espaço da cidadania. São Paulo: Cortez, 2002, p.23-67.
TOYMBEE, A. J. & CAPLAN, J. - *Um estudo de história*. Brasília: UNB, São Paulo: Martins Fontes, 1986. (Edição condensada da obra *Study of History*, 22 volumes.)